WISSEN KOMPAKT

Axel Baumann
Gabriele Wagner

Einstieg in
die Marktforschung

Verlag Wissenschaft & Praxis

Bibliografische Information der Deutschen Nationalbibliothek

Die Deutsche Nationalbibliothek verzeichnet diese Publikation in der Deutschen Nationalbibliografie; detaillierte bibliografische Daten sind im Internet über http://dnb.d-nb.de abrufbar.

ISBN 978-3-89673-555-3

© Verlag Wissenschaft & Praxis
Dr. Brauner GmbH 2010
Nußbaumweg 6, D-75447 Sternenfels
Tel. +49 7045 930093   Fax +49 7045 930094
verlagwp@t-online.de   www.verlagwp.de

Alle Rechte vorbehalten

Das Werk einschließlich aller seiner Teile ist urheberrechtlich geschützt. Jede Verwertung außerhalb der engen Grenzen des Urheberrechtsgesetzes ist ohne Zustimmung des Verlages unzulässig und strafbar. Das gilt insbesondere für Vervielfältigungen, Übersetzungen, Mikroverfilmungen und die Einspeicherung und Verarbeitung in elektronischen Systemen.

Printed in Germany

Inhaltsverzeichnis

Abbildungsverzeichnis 7
Abkürzungsverzeichnis 9
Vorworte 11
1. Bedeutung der Marktforschung 13
   1.1 Begründung der Marktforschung im Verlag 13
   1.2 Aufgaben der Marktforschung im Verlag 16
   1.3 Stellung der Marktforschung im Verlag 17
   1.4 Stellung des Marktforschers im Verlag 19
   1.5 Kunden der Marktforschung im Verlag 20
   1.6 Begriff und Gegenstand der Marktforschung 20
2. Informationsbeschaffung in der Marktforschung 25
   2.1 Ablauf einer Marktforschung im Unternehmen 25
   2.2 Quellen der Marktforschung 26
   2.3 Messung in der Marktforschung 26
   2.4 Bewertung der Informationen in der Marktforschung 31
   2.5 Datenschutz in der Marktforschung 32
3. Von der Frage zum Fragebogen 35
   3.1 Fragearten im Fragebogen 35
   3.2 Skalen im Fragebogen 39
   3.3 Gestaltung des Fragebogens 40
4. Auswahl von Testpersonen 45
   4.1 Grundlagen der Auswahl von Testpersonen 45
   4.2 Einfache Auswahlverfahren von Testpersonen 49
   4.3 Quotenplan bei der Auswahl von Testpersonen 52
5. Marktforschungsdienstleister 57
   5.1 Externe Marktforschungsdienstleister der Marktforschung 57
   5.2 Auswahlkriterien für Marktforschungsdienstleister 58
   5.3 Briefing externer Marktforschungsdienstleister 58

5.4 Angebot und Auftragsgestaltung externer Marktforschungsdienstleister ... 59

6. Erhebungsmöglichkeiten der Marktforschung ... 63

6.1 Schriftliche Befragung ... 63

6.2 Persönlich-mündliche Befragung ... 66

6.3 Gruppendiskussion ... 68

6.4 Telefonische Befragung ... 73

6.5 Computergestützte Befragungen ... 74

6.6 Panel-Befragung ... 76

6.7 Beobachtung ... 79

6.8 Experiment ... 82

6.9 Online-Befragung ... 83

6.10 Online-Focus-Group ... 85

6.11 Online-Access-Panels ... 88

6.12 Online-Beobachtung ... 89

7. Ausgewählte Befragungsarten im Unternehmen ... 91

7.1 Imagebefragung ... 91

7.2 Einstellungsmessung ... 92

7.3 Werbeforschung ... 96

7.4 Mitarbeiterbefragung ... 99

8. Datenaufbereitung im Überblick ... 101

8.1 Codieren des Erhebungsmaterials ... 101

8.2 Reduktion der Daten ... 102

8.3 Erfassung von Beziehungen ... 104

8.4 Grafiken und Ergebnisbericht ... 107

8.5 Maßnahmenkatalog ... 115

Anhang ... 119

Weiterführende Literaturhinweise ... 125

Stichwortverzeichnis ... 129

Informationen zu den Autoren ... 133

Abbildungsverzeichnis

Abbildung 1: Funktionsprinzip 17
Abbildung 2: Stabsprinzip 17
Abbildung 3: Linienprinzip 18
Abbildung 4: Fragearten 35
Abbildung 5: Alternativfrage 36
Abbildung 6: Multiple-Choice-Frage (einfach) 37
Abbildung 7: Multiple-Choice-Frage (mehrfach) 37
Abbildung 8: Filterfrage 37
Abbildung 9: Gruppenvergleich 38
Abbildung 10: Rangreihen-Skala 39
Abbildung 11: Verhältnis-Skala 39
Abbildung 12: Prozent-Skala 40
Abbildung 13: Beispiele für optische Skalen 40
Abbildung 14: Einfache Auswahl von Testpersonen 49
Abbildung 15: Quotenplan 53
Abbildung 16: Beobachtung 80
Abbildung 17: Blickverlaufsstudien mit einer Augenkamera 80
Abbildung 18: Neurophysiologische Studien mit dem Kernspintomografen 81
Abbildung 19: Kreuztabelle 105
Abbildung 20: Datenanalyse 106
Abbildung 21: Grafikaufbau 107
Abbildung 22: Kreisdiagramm 108
Abbildung 23: Kreisdiagramm mit herausgelöstem Segment 109
Abbildung 24: Liniendiagramm, Polaritätsprofil 110
Abbildung 25: Liniendiagramm 110
Abbildung 26: Punktdiagramm 111
Abbildung 27: Balkendiagramm (Hochbalken) 111
Abbildung 28: Gruppierte Balken 112

Abbildung 29: Balkendiagramm (Querbalken) 113
Abbildung 30: Gestapelte Balken/100%-Balken 113
Abbildung 31: Maßnahmenkatalog 115
Abbildung 32a: Projektskizze I 121
Abbildung 32b: Projektskizze II 123

Abkürzungsverzeichnis

ADM	Arbeitskreis Deutscher Markt- und Sozialforschungsinstitute e. V.
AG.MA	Arbeitsgemeinschaft für Media Analyse e. V.
AGOF	Arbeitsgemeinschaft Online Forschung
AkQua	Arbeitskreis Qualitative Markt- und Sozialforschung
API	American Press Institut
ASI	Arbeitsgemeinschaft Sozialwissenschaftlicher Institute e. V.
AWA	Allensbacher Werbeträger-Analyse
BDZV	Bundesverband Deutscher Zeitungsverleger e. V.
BVM	Berufsverband Deutscher Markt- und Sozialforscher e. V.
CAMI	Computer Assisted Mobile Interviewing
CAPI	Computer Assisted Personal Interviewing
CASI	Computer Assisted Selfadministered Interviewing
CATI	Computer Assisted Telephone Interviewing
CATI²	CATI und CAWI parallel
CAWI	Computer Assisted Web Interviewing
CD	Compact Disc
CD-ROM	Compact Disc Read Only Memory
D.G.O.F.	Deutsche Gesellschaft für Online-Forschung e. V.
ESOMAR	European Society for Opinion and Marketing Research
FAMS	Fachangestellter für Markt- und Sozialforschung
ForUM	Forum Unternehmens-Marktforscher
GESIS	Gesellschaft sozialwissenschaftlicher Infrastruktureinrichtungen
GOR	General Online Research
GWA	Gesamtverband Kommunikationsagenturen e. V.
LpA	Leser pro Ausgabe
LpN	Leser pro Nummer
LpS	Leser pro Seite
LpWS	Leser pro Werbung führende Seite

IVW	Informationsgemeinschaft zur Feststellung der Verbreitung von Werbeträgern e. V.
MA	Media-Analyse
N	Stichprobe
n	Teil-Stichprobe
NEON	Arbeitskreis Online-Marktforschung
PUMA	Plattform Unternehmens-Marktforscher
VA	Verbraucheranalyse
VDL	Verband Deutscher Lokalzeitungen e. V.
VDZ	Verband Deutscher Zeitschriftenverleger e. V.
WLK	Weitester Leserkreis
ZAW	Zentralverband der deutschen Werbewirtschaft
ZUMA	Zentrum für Umfragen, Methoden und Analysen e. V.

Vorworte

Das Buch ist als Einstiegswerk für Studierende und Interessierte gedacht, die sich anhand von Beispielen aus der Verlagswelt die ersten Grundlagen der Marktforschung erarbeiten möchten. Die Grundlagen und Eckpfeiler der Marktforschung sollen für den Leser zugänglich, anwendungsorientiert und fokussiert vermittelt werden. Deshalb erheben die Autoren keinen Anspruch auf Vollständigkeit und wissenschaftliche Tiefe aller Methoden, Analysen und Möglichkeiten sowie Tätigkeiten der Marktforschungswelt, die im Bedarfsfall durch vertiefende Literatur ergänzt werden können.

Die Autoren

Sie gehören mit sehr großer Wahrscheinlichkeit zu denjenigen, die die Bedeutung und Wichtigkeit von Marktforschung gerade in der heutigen Zeit richtig erkannt haben. Mehr denn je wird es immer notwendiger, die Entfernung zwischen Unternehmen und Kunden zu minimieren, sie näher zusammenzubringen und schlussendlich zu Partnern der Unternehmen zu machen. Die Kunden entscheiden letztendlich in starkem Maße darüber mit, wie groß das finanzielle Standbein von Unternehmen ist.

Die Bedürfnisse und Strukturen von Menschen und Märkten zu kennen und diese mit entsprechenden Lösungen zu bedienen, trägt einen maßgeblichen Teil für die Schaffung einer sicheren und stabilen Zukunft bei.

Welche Instrumente und Methoden es dafür gibt und welche sich für bestimmte Aufgabenstellungen am besten eignen, erfahren Sie in dem vorliegenden Buch. Darüber hinaus bieten die Inhalte Ihnen einen umfassenden Überblick über das interessante, spannende und notwendige Gebiet der Marktforschung.

Sie werden sehr schnell feststellen, dass die Art und Weise der Wissensvermittlung eine etwas andere ist, als die, die Sie vielleicht sonst so gewohnt sind. Durch die erfrischende Erzählform mit vielen Beispielen wird sehr schnell klar, wie die Inhalte in höchstem Maße praxisorientiert und von größter Relevanz in und für die Marktforschungspraxis sind.

In diesem Sinne wünsche ich Ihnen eine interessante und erkenntnisreiche Lektüre von höchst kompetenten und langjährig erfahrenen Autoren aus der Praxis und der angewandten Marktforschung.

Diplom-Wirtschaftsingenieur Andreas Kuderer

„Einstieg in die Marktforschung" ist ein ausgezeichnetes Buch für jeden der eine erste Einführung in das Gebiet „Marktforschung" sucht. Dies gilt für Studenten und Praktiker gleichermaßen. Insbesondere Letztere finden hilfreiche Informationen, wenn sie ihre ersten Marktforschungsprojekte starten wollen oder bereits etablierte Marktforschungsprozesse optimieren wollen. Das vorliegende Buch „Einstieg in die Marktforschung" verschafft dem Leser einen Überblick über den gesamten Prozess eines Marktforschungsprojektes von der Planung über die Durchführung bis zur Präsentation der Ergebnisse. Es ist geschrieben von Praktikern für Praktiker. Um dem Leser einen einfachen Einstieg in die Thematik zu ermöglichen, haben die Autoren einen erzählenden Schreibstil gewählt: der Leser lernt ein reales Marktforschungsprojekt eines Verlages aus der Sichtweise des Praktikanten „Neugier" kennen. Dieser lernt im Verlauf des Projektes alle wesentlichen Phasen eines Marktforschungsprojektes mit ihren jeweiligen Herausforderungen kennen.

Allen Studierenden und Interessierten ist dieses Lehrbuch eine Unterstützung für ihre Praxis.

Prof. Dr. Sascha Fabian
Hochschule Neu-Ulm University Of Applied Sciences

Für Einsteiger in das wichtige Fachgebiet Marktforschung ist es hilfreich, wenn ihnen der Stoff in einer überschaubaren und leicht erfassbaren Form dargeboten wird und die zentralen Elemente des Fachgebietes vorgestellt werden. Diesen Zielen dient dieses Buch „Einstieg in die Marktforschung".

Der Leser verfolgt das Marktforschungspraktikum von Herrn „Neugier" in Form einer unterhaltsamen Erzählung und lernt anhand des Ablaufs seines Marktforschungsprojekts die jeweils zugehörigen Etappen kennen. Diejenigen Leser, die zum ersten Mal Marktforschung durchführen möchten, erhalten auf diese Art viele praktische Hilfen von der Vorbereitung über die Umsetzung bis zur Analyse und Darstellung der Ergebnisse eines Marktforschungsprojektes.

Marktforschung wird in unserer intransparenten, ökonomischen Umwelt immer wichtiger, wenn es um fundierte, tragfähige Wirtschaftsentscheidungen gehen soll. Den Autoren sei daher Dank, dass sie mit diesem Buch den Einstieg in dieses komplexe Fachgebiet ermöglichen.

Professor Dr. Beate Sieger-Hanus
Duale Hochschule Baden-Württemberg, Stuttgart

Im Rahmen seines Studiums führt Herr Neugier sein Betriebspraktikum in der Marktforschungsabteilung eines Verlages durch. Während dieser Zeit soll er zentrale Eckpfeiler der Marktforschung kennen und anwenden lernen.

In den folgenden Ausführungen beobachtet der Leser Herrn Neugier bei seinem Praktikum, der Einblicke in die Grundlagen der Marktforschung erhält.

1. Bedeutung der Marktforschung

Herr Neugier ist gespannt auf sein sechsmonatiges Praktikum in der Marktforschung: Heute ist sein erster Tag im Verlag. Er hofft, dass er viel Wissenswertes aus der Praxis lernt und von seinem bisher im Studium Gelernten auch einiges einbringen kann.

Angekommen im Verlag, wird er zunächst vom Verlags- und dem ebenfalls anwesenden Personalleiter begrüßt. Beide stellen ihm den Verlag vor; zu jeder Abteilung erfährt Herr Neugier deren jeweilige Aufgaben. Schließlich lernt er in der Marktforschungsabteilung seine neuen Kollegen näher kennen: Neben dem Abteilungsleiter gibt es zwei Studienleiter und eine Assistentin. Der Chef der Abteilung, Herr Bossig, will Herrn Neugier noch mit Hintergrundinformationen zu den Aufgaben der Marktforschung versorgen.

1.1 Begründung der Marktforschung im Verlag

Herr Bossig fragt den Praktikanten: „Können Sie sich vorstellen, warum Marktforschung in einem Verlag oder einem anderen Unternehmen sinnvoll sein kann?"

„Nun", antwortet Herr Neugier, „Unternehmen mit einer eigenen Marktforschung wissen bestimmt mehr über ihre Kunden und haben wahrscheinlich auch eine bessere Beziehung zu ihnen. Viele Wünsche, die zum Beispiel bei Befragungen aufgedeckt und bekannt werden, können in die Produktherstellung einfließen: so entstehen maßgeschneiderte Produkte, die den Kundenbedürfnissen entgegenkommen."

Herr Bossig stimmt dem zu und fährt fort: „Im Zeitalter der globalisierten Welt sind, allgemein gesprochen, die Märkte häufig unübersichtlich und intransparent. Viele Firmen haben große Informationslücken, woraus Unsicherheit entsteht. Das einzelne Unternehmen kennt nicht mehr in gleichem Maße seine Kunden, wie beispielsweise ein Bäcker in einem kleinen Dorf. Der weiß, was seine Kunden bevorzugen und wie jeder von ihnen behandelt werden möchte. Eine solche vertiefte Kundenkenntnis wäre auch für andere Unternehmen wünschenswert, um im Markt optimal mit diesen umgehen zu können. Genau dabei unterstützt die Marktforschung das Unternehmen. Die Marktforschung schließt Informationslücken, macht die Unternehmen marktfähig und die Märkte transparenter."

Einen weiteren Vorteil sieht der Praktikant darin, dass die Unternehmen mithilfe der Marktforschung auf Kundenbedürfnisse kurzfristiger reagieren können. „Die Ergebnisse aus eigenen Kundenbefragungen können sofort in die Produktentwicklung umgesetzt werden; es muss nicht erst untätig abgewartet werden, bis diese auf Produkte reagieren."

Schließlich erinnert er sich noch daran, dass durch gezieltes Beobachten der Marktentwicklung seitens der Marktforschung – zum Beispiel bei Kunden vor Ort, aber auch durch Gespräche mit Kunden – neue Trends schnell erkannt werden können und diese von der Produktentwicklung aufgegriffen und umgesetzt werden können.

„Sie haben schon einige richtige Punkte für den Einsatz der Marktforschung genannt", ergänzt Herr Bossig. „Unverzichtbare Informationen liefert sie aber auch in der Frage, wie die Kunden das Unternehmen sehen, also das Image abgefragt wird. Wird zum Beispiel ein Verlag als modern, innovativ und außergewöhnlich angesehen oder gibt es andere positive Merkmale, mit denen sich der Verlag gegenüber den Konkurrenzhäusern positiv hervorheben kann? In unserem Haus ist es auch üblich, Mitarbeiter in Unternehmensentscheidungen mit einzubeziehen. Anregungen, die Kollegen für ein neues Produkt haben, werden an unsere Abteilung geschickt, und es werden kreative Ideen für Publikationen ab und an in einem Mitarbeiterwettbewerb ausgeschrieben. Allerdings sollte man immer im Hinterkopf behalten, dass die Arbeit der Marktforschung nicht alleine den ausschlaggebenden Faktor für eine Produktentscheidung liefern kann, sondern dass ihre Ergebnisse eher Puzzlesteine im Entscheidungsprozess sind. Auch weiterhin wird das Bauchgefühl der Entscheider letztendlich der bedeutendere Faktor für die Frage sein, ob ein Produkt auf den Markt gebracht wird oder nicht."

Nach diesen grundsätzlichen Überlegungen erklärt der Abteilungsleiter dem Praktikanten ein Plakat in seinem Büro. Hintergrund dafür war, dass eine Unternehmensberatung im Verlag zu Gast war und von jeder Abteilung wissen wollte, welchen Mehrwert diese dem Verlag bringe. Nach einer Klausurtagung, an der alle Mitarbeiter der Abteilung teilnahmen, präsentierten sie der Unternehmensberatung folgende Thesen: Die Marktforschung des Verlags ist eine Spezialistin im Unternehmen. Ihr sind die Produkte des Verlags, die strategische Ausrichtung des Hauses und auch der Wettbewerbsmarkt bekannt – was schließlich dem Unternehmen zu Gute kommt, da es lange einführende Erklärungen gegenüber potenziellen Auftraggebern erspart. Herrn Neugier leuchtet dies ein: „Das ist ja ein unheimlicher Vorteil, wenn man mit der

Problematik gleich beginnen kann, ohne Zeit für die Klärung der Rahmenbedingungen zu verlieren".

Da es die Marktforschung als Abteilung im Verlag schon viele Jahre gibt und einige statistische Kennzahlen bei Wiederholungsstudien erneut abgefragt werden, können sogenannte „Benchmarks" aufgebaut werden. Ein Benchmark kann beispielsweise ein Zeitreihenvergleich über mehrere Jahre mit Blick auf die Anzahl der Berufsjahre der Befragten sein. „Das ist ja prima", freut sich Herr Neugier, „dann kann beispielsweise frühzeitig erkannt werden, ob junge potenzielle Kunden angesprochen werden müssen, um eine ungünstige Überalterung des bestehenden Kundenstammes zu verhindern."

„Gibt es auch so etwas wie ein Archiv?" fragt der Praktikant. „Selbstverständlich", antwortet Herr Bossig, „alles, was die Abteilung Marktforschung bisher erforscht hat, ist vorhanden. Die Informationen sind sowohl in gedruckter Form als auch digital über das Intranet verfügbar."

Als weiteren Vorteil fällt dem Studierenden noch ein, dass die Auftraggeber, also die Verlagsleitung, nicht erst umständlich einen Marktforscher von außerhalb suchen müssen, sondern die Abteilung im Verlag bekannt ist und jeder weiß, wo sie zu finden ist. Eindeutig ein zeitlicher Vorteil, denkt sich Herr Neugier, da eine Abteilung im Haus schneller erreichbar und verfügbar ist.

Insgesamt zeigen auch Vergleiche mit anderen Marktforschungsanbietern, dass die Kosten für eine hauseigene Marktforschungsabteilung meistens geringer sind, als einen externen Marktforschungsanbieter zu beauftragen. In Einzelfällen gibt es immer noch die Möglichkeit, einzelne Teilleistungen zuzukaufen, die selbst nicht geleistet werden können.

Der zweite Teil der Präsentation befasste sich mit dem Thema, wie die Abteilung Marktforschung diesen Mehrwert selbst im Verlag fördern kann.

Der Abteilungsleiter erläutert dem Praktikanten seine Einstellung: „Eine Abteilung, die Dienstleistungen erbringt, ist selbst dafür verantwortlich, ob sie im Gespräch bleibt und bei ihren potenziellen Auftraggebern bekannt ist."

Er ist der festen Überzeugung, dass die Summe der verschiedenen Aktionen bisher erfolgreich sei und erklärt die einzelnen Punkte: „Bei Veranstaltungen für neue Mitarbeiter präsentiert sich die Abteilung und im Rahmen der Einarbeitungszeit gehört eine Station bei uns fest dazu. Wir veranstalten interne Seminare und beziehen die Auftraggeber in den Marktforschungsprozess ein, indem sie zum Beispiel an Diskussionsrunden mitwirken dürfen. Großen Wert legen wir auf ein funktionierendes internes und externes Networking. Seit einiger Zeit geben wir einen „Mafo-Newsletter" zu abgeschlossenen Studien oder neuen Methoden und Projekten heraus. Außerdem sind wir in der Mitarbeiterzeitung und im Intranet vertreten. Mir ist schließlich das Corporate Design und die Corporate Identity unserer Abteilung wichtig."

Herr Neugier freut sich, denn schon jetzt weiß er, dass er hier viel lernen wird.

1.2 Aufgaben der Marktforschung im Verlag

Als nächstes interessiert sich der Praktikant für die Aufgaben, die die Marktforschung im Verlag hat. Denn damit würde er ab sofort zu tun haben.

Sein Chef listet ihm diese auf:

- Planung von Marktforschungsaktionen
- Beratung unter anderem hinsichtlich der Eckpunkte bei Marktforschungsstudien
- Organisation von Befragungen
- Durchführung der Aufträge
- Beauftragung geeigneter Marktforschungsdienstleister bei Fremdvergabe von (Teil)-Aufträgen
- Kontrolle der Feldarbeit
- Datenverdichtung und -aufbereitung
- Erstellen von Benchmarks, wenn Vergleiche möglich sind
- Erstellen eines Berichtsbandes
- Kommunikation der Ergebnisse
- Archivierung der Marktforschungsuntersuchungen
- Gegebenenfalls Budgetierung
- Auswahl/Koordination von Marktforschungsdienstleistern
- Erarbeitung und Einführung neuer und Weiterentwicklung bestehender Befragungssysteme
- Aktives Mitwirken in Projekten
- Durchführung von internen Schulungen
- Sonstiges Marketing für die Marktforschung, abhängig von den Auftraggebern

Angesichts der Fülle der Aufgaben staunt Herr Neugier und meint: „Ihre Abteilung ist fast ein eigenes Marktforschungs-Institut im Unternehmen." „Ja, so könnte man es nennen", erwidert Herr Bossig.

1.3 Stellung der Marktforschung im Verlag

Herr Neugier fragt seinen Chef: „Wie ist denn die Abteilung Marktforschung organisatorisch in den Verlag eingebunden?" Aus seinen Vorlesungen wusste er, dass es für die Struktur einer Abteilung mehrere Möglichkeiten gibt. Er notiert sich kurz die Alternativen und listet deren Vor- und Nachteile auf:

I. Das Funktionsprinzip

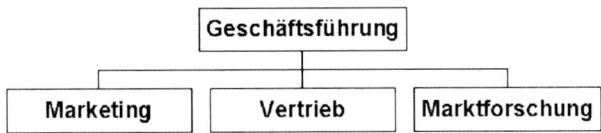

Abbildung 1: Funktionsprinzip

Von Vorteil bei dieser Lösung ist, dass die Kompetenzen klar verteilt sind, eigene Budgetverantwortung vorhanden ist, die Abteilung mit anderen Abteilungen „gleichgestellt" ist und als Einheit der Geschäftsleitung direkt unterstellt ist, so dass sie Informationen aus erster Hand bekommt.

Weniger positiv ist, dass eine Abteilung mit wenig Mitarbeitern als „kleine" Abteilung in der Unternehmung möglicherweise nicht ernst genommen wird, dass unter Umständen lange Kommunikationswege zu den Auftraggebern bestehen – dies zu verändern liegt aber in der Hand der Abteilung – und dass sich eine Distanz zum operativen Geschäft aufbauen kann; nach dem Motto: „Der hat ja keine Ahnung, was wir tagtäglich tun müssen".

II. Das Stabsprinzip

Abbildung 2: Stabsprinzip

Für diese Variante spricht, dass die Geschäftsleitung direkten Zugriff auf die Abteilung hat, also eine Entscheidungsvorbereitung für die Geschäftsleitung möglich ist. Die Ergebnisse haben eher strategischen Charakter, die Abteilung ist häufig in unternehmensübergreifende Projekte eingebunden und hat insgesamt einen hohen Stellenwert. Darüber hinaus bewahrt sie eine neutrale Position gegenüber allen Abteilungen und Tochterunternehmen. Die Entscheidungswege sind kurz.

Dagegen spricht die Abhängigkeit von der Geschäftsführung, die Distanz zu anderen Fachabteilungen und dem operativen Geschäft. Es besteht die Gefahr, dass die Abteilung als Kontrolleurin angesehen werden kann, nach dem Prinzip: „Vorsicht, die Marktforschung handelt im Auftrag der Geschäftsführung".

III. Das Linienprinzip

Abbildung 3: Linienprinzip

Als weitere Organisationsform erleichtert sie den Informationsaustausch, führt zu kurzen Kommunikationswegen und ermöglicht ein permanentes Eingebundensein in die Prozesse innerhalb des Bereichs.

Allerdings ist die Abteilung in der Budgetverantwortung abhängig vom übergeordneten Bereich, die Erfolge der Abteilung können als Leistungen des gesamten Bereichs kommuniziert werden; im umgekehrten Fall kann es schlimmstenfalls zur Zensur kommen, wenn negative Ergebnisse nicht bekannt werden sollen. Eine Gefahr besteht darin, auf die Rolle als Zulieferer reduziert zu werden. Dann ist auch eine direkte Ansprache zwischen Abteilung und Geschäftsführung nicht mehr möglich, diese wird über die Bereichsleitung informiert.

„Unsere Abteilung ist nach dem Funktionsprinzip aufgestellt", erklärt Herr Bossig seinem neuen Mitarbeiter. „Bisher haben wir nichts Nachteiliges von anderen Abteilungen zu spüren bekommen." Anhand des Abteilungsorganigramms sieht der Praktikant seine weiteren Ansprechpartner: die zwei Studienleiter Frau Schlau und Herr Klug – verantwortlich für die Durchführung der Aufträge – und Frau Hilfreich, die Assistentin der Abteilung, die allen zuarbeitet.

1.4 Stellung des Marktforschers im Verlag

„Mich interessiert nun", fragt Herr Neugier, „was einen betrieblichen Marktforscher auszeichnet, der im Unternehmen und nicht im Marktforschungsinstitut für die Marktforschung zuständig ist."
Der Abteilungsleiter beginnt: „Jeder Marktforscher, egal in welcher Position er in dieser Abteilung arbeitet, hat sich als Dienstleister zu verstehen und zu verhalten. Nur so ist die Zusammenarbeit mit den Kunden gut. Das bedeutet im Einzelnen, dass der Marktforscher in Projekte, Besprechungen und Marketingprozesse integriert ist: er wird zu Besprechungen eingeladen und bringt dort sein Wissen ein. Alle Kollegen in dieser Abteilung sind angehalten, sich selbst um Aufträge zu bemühen, die aus Gesprächen resultieren können. Begrüßenswert ist es, vor und nach Besprechungen, aber auch unabhängig davon eine Beratungsleistung anzubieten. Dies kann zum Beispiel sein, mit Ergebnissen aus früheren Studien zu helfen." „Und damit kann der Kollege gleichsam als interner „Marktforschungskunde" Kosten sparen", meint Herr Neugier, „das kommt bestimmt gut an." Sein Chef bestätigt dies und ergänzt: "Wir betreiben hier aktive interne Kundenbetreuung." Herr Neugier: „Was meinen Sie damit?" „Es hat sich bewährt, bei den Kunden präsent zu sein, mit ihnen auch mal zwischen Tür und Angel zu reden, nach Abgabe eines Marktforschungsberichts nachzufragen, was gut war und was nicht und sich ein Feedback einzuholen, welche Ergebnisse schon umgesetzt werden konnten. Wichtig sind klare Handlungsempfehlungen, kein Kunde mag nach dem Wischi-Waschi-Prinzip „man könnte ja vielleicht..." abgespeist werden."

Herr Neugier will nun wissen: „Darf die Marktforschungsabteilung bei der strategischen Unternehmensausrichtung mitarbeiten?" Dazu zeigt ihm sein Chef ein Handout. Daraus wird ersichtlich, dass die Abteilung für sich eine Abteilungsstrategie abgeleitet hat. Ein Beitrag für diese Ausrichtung kann eine neue Methode sein.

Der Praktikant ist begeistert, kannte er doch aus Erzählungen, dass Marktforschern das Image von Erbsenzähler angelastet wird, die außer den Ergebnissen ihrer Studien aktiv kein Wissen an andere Personen im Unternehmen weitergeben. Prima, so wie es Herr Bossig geschildert hat, ist es bestimmt eine Bereicherung, eine Marktforschungsabteilung im Unternehmen zu haben.

1.5 Kunden der Marktforschung im Verlag

Herr Neugier will nun wissen: „Für wen ist die Marktforschung tätig?" „Unsere Hauptauftraggeber sind die Produktmanager, sie kommen meist aus dem Marketingbereich", berichtet der Abteilungsleiter. „Aber auch die Vertriebsabteilung möchte zum Beispiel Fragen beantwortet haben, an die das Produktmanagement unter Umständen nicht gedacht hat. Am besten ist es, wenn Vertreter beider Seiten für eine Studie zusammen an einem Tisch sitzen. Wenn es um Projekte oder spezielle Fragestellungen für den Verlag geht, dann bekommen wir auch Aufträge direkt von der Geschäftsleitung." Es komme aber auch vor, führt Herr Bossig weiter aus, dass andere Abteilungen, wie beispielsweise die Personalabteilung, die Marktforschung beauftragen oder sich von ihr beraten lassen – wenn es beispielsweise um eine Mitarbeiterbefragung geht.

1.6 Begriff und Gegenstand der Marktforschung

„Lieber Herr Neugier, wir sind nun am Ende unserer kleinen Einführung in die Marktforschung angekommen", betont Herr Bossig ernst. „Bevor Sie in die praktische Arbeit unserer Abteilung einsteigen, müssen wir noch einmal grundsätzlich werden: Sie sollten über Gegenstand und Begriff der Marktforschung ausreichend Bescheid wissen. Daher will ich Ihnen dies für die nächsten Wochen auf den Weg geben:

Die Analyse ökonomischer Entscheidungsprobleme erfordert die Beschaffung, Aufbereitung und Interpretation entscheidungsrelevanter Informationen.

Dabei setzt sich der Entscheidungsprozess schematisch aus mehreren Teilschritten zusammen:

- dem Ableiten von Entscheidungskriterien aus übergeordneten Zielen
- der Festlegung realistischer Entscheidungsalternativen
- der Definition relevanter Umweltgrößen
- der Ermittlung der Handlungskonsequenzen sowie
- dem Auffinden und der Umsetzung einer Lösung.

Ein Marketing-Management-Prozess benötigt relevante Informationen über

- die Makro-Umwelt des Unternehmens (Rechte, Wirtschaftssituation, Techniken, Gesellschaft, Ökologie, Entwicklungen)
- die Mikro-Umwelt (Kundenbedarf, Wettbewerber, Chancen/Risiken, Trends/Entwicklungen) für die Strategie-Entwicklung
- die Zielgruppen für die Marketingziele

- die Wirkungen der Marketinginstrumente der Marketingplanung (Preis, Produkt, Distribution, Kommunikation)
- die Höhe des erforderlichen Marketingbudgets für alle Maßnahmen und laufend über
- den Zielerreichungsgrad für das Marketing-Controlling.

Die Marktforschung ist die systematische Suche, Sammlung, Aufbereitung und Interpretation von relevanten Informationen, die sich zum Beispiel auf Probleme des Marketings von Gütern und Dienstleistungen bezieht.

Die Marktforschung hat somit die gesamten zu lösenden Informationsprobleme der Absatzplanung eines Unternehmens zum Gegenstand.

So kümmert sich die Marktforschung beispielsweise um Informationen

- für Marketingaktivitäten (Distribution, Preis, Kommunikation, Konsumentenverhalten)
- zu Absatzmärkten (Markt-, Absatzpotenzial, Markentreue, Produkte) und
- zu innerbetrieblichen Sachverhalten (zum Beispiel Kapazitäten, Vertriebskosten)

sowie um die systematische Analyse

- der sozioökonomischen Rahmenbedingungen,
- der Marktpartner und Wirkungszusammenhänge,
- des Zusammentreffens von Angebot und Nachfrage und
- der Beschaffungsseite (Arbeits-, Kapital-, Rohstoffmarkt) und
- von Gegebenheiten und Entwicklungen auf Märkten.

Hinzu kommen Entscheidungen über den Informationsbedarf und die Informationsbeschaffung (Art, Umfang, Häufigkeit, Budget-Erfordernisse) sowie die Bewertung der Informationen zum Beispiel hinsichtlich

- Nützlichkeit,
- Aktualität,
- Vollständigkeit,
- Wahrheit, Wahrscheinlichkeit,
- Kosten-/Nutzen-Überlegungen,
- entscheidungstheoretische Überlegungen (zum Beispiel: „Bayes-Ansatz")."

Herr Neugier legt sich ein Skript an, in dem er die Erkenntnisse, die er im Laufe seines Praktikums gesammelt hat und noch sammeln wird, zusammenfasst:

Die Vorteile einer eigenen Verlags-Marktforschung sind
- bessere Kundenbeziehung,
- frühere Ergebnisumsetzung in die Produktentwicklung,
- das Herausarbeiten der Außenwirkung des Verlags durch das „Ohr" am Kunden,
- Integration eigener Mitarbeiter in Entscheidungsprozesse (Wettbewerbe für Produktnamen)

Aber: Marktforschung ist nur ein Puzzlestein im Entscheidungsprozess.

Eine eigene Marktforschung kann folgenden Mehrwert haben:
- Spezialist im Unternehmen durch Produkt- und Marktkenntnisse
- Aufbau von unternehmenseigenen Benchmarks
- zentrale Stelle für Auftraggeber
- Bereitstellung eines Archivs
- schnelle Erreich- und Verfügbarkeit
- strategische Ausrichtung des Unternehmens ist bekannt
- kostengünstiger im Vergleich zu externen Marktforschungsdienstleistern

Der Mehrwert dieser Abteilung wird gefördert durch:
- Präsenz bei neuen Mitarbeitern (Einarbeitungsplan, Vorstellungsrunde)
- Durchführen von Schulungen
- Networking
- Integration der Auftraggeber in die Feldarbeit
- Herausgabe eines eigenen Newsletters
- Präsenz im Intranet und in der Mitarbeiterzeitung
- eigene/s Corporate Identity/Corporate Design

Die Marktforschung ist in diesem Verlag im Funktionsprinzip angeordnet. Weitere Organisationsformen sind das Stab- und das Liniensystem.

Kunden der Marktforschung sind in erster Linie Marketingverantwortliche und die Geschäftsführung.

Der Marktforscher im Unternehmen ist Dienstleister, das heißt, er
- *ist integriert in Projekte, Besprechungen, Marketingprozesse,*
- *betreibt aktive interne Kundenbetreuung,*
- *akquiriert selbst Aufträge,*
- *gibt klare Handlungsempfehlungen,*
- *bietet Beratungsleistung an und*
- *leistet eine aktive Rolle in der strategischen Unternehmensausrichtung.*

Die Aufgaben des Marktforschers sind vielfältig und reichhaltig, sie reichen von der Planung über die Durchführung bis hin zur Präsentation und dem eigenen Marketing für die Abteilung.

Die Analyse ökonomischer Entscheidungsprobleme erfordert
- *die Beschaffung,*
- *Aufbereitung und*
- *Interpretation entscheidungsrelevanter Informationen (Wissen).*

Die Marktforschung ist die
- *systematische Suche,*
- *Sammlung,*
- *Aufbereitung und*
- *Interpretation von relevanten Informationen,*

die sich zum Beispiel auf Probleme des Marketings von Gütern und Dienstleistungen beziehen können.

2. Informationsbeschaffung in der Marktforschung

2.1 Ablauf einer Marktforschung im Unternehmen

„Wenn ich mir meine Zusammenfassung nochmals ansehe, wird mir klar, dass die Informationsbeschaffung im Verlag und die Entwicklung einer Studie nicht ohne Plan erfolgen kann", überlegt Herrn Neugier. „Vor der Informationssammlung müsste man sich gründlich Gedanken machen und diese mit den Beteiligten der Problembearbeitung austauschen und abstimmen."

Herr Bossig stimmt der Ansicht zu und fährt fort: „Die Forschung läuft in einem Prozess ab, der die Informationsbeschaffung systematisch ermöglicht. Die Prozessbeschreibung nimmt die einzelnen Arbeitsschritte einer Forschung auf. So entsteht eine Projektskizze, ein Forschungs-Briefing oder ein Untersuchungsdesign. Die Formulierung derartiger Projektskizzen soll die ergebnisorientierte und zielgerichtete Aufgabenbewältigung unterstützen, das Briefing-Gespräch mit dem Auftraggeber und/oder dem Forschungsinstitut vorbereiten (Beispiele für Projektskizzen siehe Anhang).

Folgende Arbeitsschritte müssen für die Projektskizze im Verlag abgestimmt werden", erläutert Herr Bossig: „die Problemformulierung, der Projektaufbau, die Bestimmung und Beschreibung der Erhebungsmethode (Befragungs-/ Beobachtungsmethode), der Erhebungsplan (Erhebungsumfang, Erhebungseinheiten/Stichprobe), die Datenanalyse (Umsetzung der Datenanalyse, Verdichtung, Aufbereitung der Daten), die Hinweise zur Umsetzung der Datenerhebung, die Hinweise zur Ergebnisinterpretation sowie Informationen zum Forschungsbericht, zur Präsentation und zur Maßnahmenplanung/Maßnahmenumsetzung.

Die Problemformulierung beinhaltet die Beschreibung der Aufgabenstellung, die Entwicklung von Hypothesen, die Beschreibung des Untersuchungsgegenstands, des Inhalts und des Ziels der Forschung. Der Projektaufbau geht auf den Ablauf der Studie, die einzelnen Projektschritte/Projektstufen (Setting, Vor-/Pilot-/Hauptstudie, Pre-Test), die zeitliche Abwicklung und Dauer der Studie ein und gibt an, welche Projekteinheiten Primär- oder Sekundärforschung sind.

Primärforschung bedeutet, dass neue Daten empirisch erhoben werden, während bei der Sekundärforschung bereits vorliegende Studien, Berichte oder Ähnliches analysiert werden."

2.2 Quellen der Marktforschung

Herr Bossig erklärt Herrn Neugier, dass er in einem grundlegenden Skript die Aufgaben der Marktforschung in einem Unternehmen zusammengefasst hat, und bittet ihn, die Unterlagen intensiv durchzuarbeiten. Wie der Praktikant sieht, beginnt die Übersicht mit den Quellen der Forschung und deren Beschaffung.

Die Marktforschung ist bei ihrer Arbeit auf Datenlieferanten angewiesen. Quellen beziehungsweise Träger der Forschung können sein:

- die betriebliche Markt-/Marketingforschung, in der Regel der Marktforschungszuständige zum Beispiel in Verlagen,
- externe Marktforschungsinstitute (vergleiche hierzu auch Kapitel 5),
- externe Beratungsunternehmen,
- Berufsverbände (Berufsverband Deutscher Markt- und Sozialforscher e.v., Verbände der Verlage, Verbände der Werbewirtschaft),
- Vereinigungen, Kammern und öffentliche Einrichtungen und Ämter,
- wirtschaftswissenschaftliche Institute und Universitäten,
- wissenschaftliche und öffentliche Bibliotheken, Datenbanken und das Internet,
- Banken, Firmen, verschiedene Werbeträger.

2.3 Messung in der Marktforschung

Im nächsten Abschnitt hat Herr Bossig die Begriffe der Marktforschung aufgelistet. „Diese Grundlagen sind für mein Praktikum wichtig, die muss ich mir einprägen", denkt Herr Neugier und beginnt das Studium.

I.) Untersuchungseinheiten:

Bei einer Untersuchung werden die Testpersonen als Untersuchungseinheiten bezeichnet.

II.) Merkmale:

Untersuchungseinheiten besitzen bestimmte Kennzeichen, die man Merkmale nennt. So gibt es beispielsweise männliche und weibliche Testpersonen, die sich durch das Geschlechter-Merkmal auszeichnen. Oder es gibt Personen verschiedenen Alters; hier sind die Merkmale dieser Personen deren Lebensjahre.

III.) Merkmalsträger:

Untersuchungseinheiten besitzen bestimmte Kennzeichen, die man Merkmale nennt. Untersuchungseinheiten sind daher Merkmalsträger.

IV.) Merkmalsausprägungen:

Merkmale haben bestimmte Ausprägungen (zum Beispiel beim Geschlechter-Merkmal: männlich, weiblich), die Merkmalsausprägungen genannt werden. Diese Ausprägungen zwischen den Untersuchungseinheiten, also den Testpersonen, können unterschiedlich ausfallen (im Beispiel: männlich oder weiblich). Das heißt, die jeweiligen Dimensionen dieser Merkmalsausprägungen können variieren. Merkmalsdimensionen sind daher eine Variable.

V.) Messung:

Um die Untersuchungseinheit auf den Merkmalsdimensionen zu positionieren und mit anderen Untersuchungseinheiten vergleichen zu können, müssen die jeweiligen Merkmalsausprägungen festgestellt werden. Merkmalsausprägungen werden in Zahlen oder Symbolen überführt. Dieser Vorgang wird in der Marktforschung als Messung bezeichnet.

„Herr Bossig, vielen Dank für die Übersicht, die ich mich durchgelesen habe", sagt Herr Neugier. „Ich würde gern wissen, ob ich Ihr Skript richtig verstanden habe: Nehmen wir mal an, ich habe beispielsweise verschiedene Testpersonen, das sind meine Untersuchungseinheiten, und die haben Merkmale mit den Ausprägungen Geschlecht und Einkommen. Das Merkmal Geschlecht kann die Dimension männlich oder weiblich annehmen, das Merkmal Einkommen die Dimension XY Euro. Wenn ich das Geschlecht und das Einkommen meiner Untersuchungseinheiten feststelle und die jeweiligen Geschlechter mit der Bezeichnung männlich oder weiblich und die jeweiligen Einkommen mit den entsprechenden XY Euro Größen festhalte, dann habe ich als Forscher gemessen."

„Stimmt, Herr Neugier, unter Messen verstehen wir Forscher die systematische Beobachtung und Aufzeichnung empirischer Sachverhalte. Das Ergebnis der Messung ist die systematische Zuordnung von Zahlen oder Symbolen zu Merkmalsausprägungen auf den zu untersuchenden Dimensionen. Und erst durch die Messung entstehen Daten, die sich zu aussagekräftigen Informationen verdichten lassen. Die Güte dieser Informationen hängt also von der Qualität des Datenmaterials ab und diese wiederum von der Qualität der Messung von Merkmalsausprägungen.

Ein paar Anmerkungen will ich noch dazu machen, Herr Neugier. Ein vereinfachtes Beispiel für eine Messung möge dabei helfen. Ich schreibe Ihnen das

Beispiel auf ein Blatt Papier, dann können Sie sich das Folgende besser verinnerlichen. Lassen Sie sich bitte nicht von der Art der Frage, die ich nun aufschreibe, irritieren. Das Frage-Beispiel dient nur der visuellen Veranschaulichung", erklärt Herr Bossig und schreibt auf:

Interviewer bitte fragen (= messen mit folgender Skala) Sie die Testperson

Bitte nennen Sie mir Ihr Alter. Sind Sie ...

... unter 16 Jahre (1),

... zwischen 16 Jahre und 50 Jahre (2),

... über 50 Jahre (3)?

„Nun, Herr Neugier, Sie erkennen zunächst, dass es sich hierbei um das jeweilige Alter als Merkmalsausprägung dreht. Diese Merkmalsausprägung wird systematisch erfasst und kategorisiert, also im Sinne der Marktforschung gemessen."

„Schauen Sie erneut auf die Frage", fährt Herr Bossig fort. „Um Messungen vornehmen zu können, benötigen wir Forscher ein Werkzeug, mit deren Hilfe die Zuordnung von Werten zu den Merkmalsausprägungen umgesetzt werden kann. Wir brauchen also einen Maßstab und das leistet die sogenannte Skala. Im Beispiel sind die Antwortmöglichkeiten „unter 16 Jahre (1), zwischen 16 Jahre ..." usw. die Skalierungen dieser Skala. Die Skala ist wie das Zifferblatt einer Uhr, auf dem die jeweiligen Merkmalsausprägungen abgelesen werden können.

Je nach verwendeter Skala unterscheidet man dann zwischen Nominal-, Ordinal-, Intervall- und Ratio-Skala. Was der Unterschied zwischen den Skalen ist, erläutere ich Ihnen später. Wichtig ist in diesem Zusammenhang nur, dass man diese Einteilung Skalenniveau nennt, denn davon hängt der Informationsgehalt der gemessenen Daten ab."

Herr Bossig erklärt weiter: „Erinnern Sie sich bitte an die Messung des Geschlechtes. So sind die Merkmalsausprägungen „männlich" oder „weiblich" sicherlich von einer anderen Qualität, als es die Merkmalsausprägungen des Alters im Beispiel sind. Denn für Letzteres lässt sich beispielsweise ein mittleres Alter aller Altersangaben errechnen, was aber bei den Merkmalsausprägungen Geschlecht nicht möglich ist. Das der Messung zugrunde liegende Skalenniveau bestimmt die möglichen Aussagen, die statistischen Analysen und somit die Informationsvielfalt. Das finden Sie im nächsten Abschnitt meines Skripts."

Folgende Skalenniveaus sind möglich:

I.) Nominalniveau:
- es lässt die Relationen =, ≠ der Messwerte zu,
- Messwerte sind identisch oder nicht identisch,
- der Skalentyp ist nicht-metrisch,
- Beispiel „Messung Geschlecht": Bitte kreuzen Sie an:
  (1) ich bin ein Mann,
  (2) ich bin eine Frau.
Die Messwerte verschiedener Testpersonen können identisch oder nicht identisch sein.

II.) Ordinalniveau:
- es lässt die Relationen =, ≠, >, < der Messwerte zu,
- die Messwerte lassen sich als kleiner/größer/gleich ordnen,
- der Skalentyp ist nicht-metrisch,
- Beispiel „Messung des Alters": Der Interviewer soll fragen: Bitte nennen Sie mir Ihr Alter. Sind Sie ...

  ... unter 16 Jahre (1),

  ... zwischen 16 Jahre und 50 Jahre (2),

  ... über 50 Jahre (3)?

Das Alter verschiedener Testpersonen kann identisch, nicht identisch, größer oder kleiner sein. Die erfassten Altersangaben lassen sich der Größe nach sortieren.

III.) Intervallniveau:
- es lässt Relationen =, ≠, >, < der Messwerte zu und
- Wert a – Wert b = Wert b – Wert a,
- die Messwerte lassen sich als kleiner/größer/gleich ordnen und
- die Abstände zwischen den Messwerten sind errechenbar,
- der Skalentyp ist metrisch,
- Beispiel „Messung des Alters in Jahresangaben" oder „Messung des Einkommens in Geldbeträgen"

IV.) Rationiveau:
- es lässt Relationen =, ≠, >, < der Messwerte zu und
- Wert a – Wert b = Wert b – Wert a sowie
- Wert a = x * Wert b,
- die Messwerte lassen sich als kleiner/größer/gleich ordnen und
- die Abstände zwischen den Messwerten sowie
- Messwertverhältnisse sind errechenbar,
- der Nullpunkt ist fixiert,
- der Skalentyp ist metrisch,
- *Beispiel „Messung des Alters in genauen Jahresangaben"*
  Interviewer soll bitte fragen:
  Bitte nennen Sie mir Ihr Alter. Sind Sie ...
  ... genau 16 Jahre (1),
  ... genau 20 Jahre (2) ...?

Das Alter verschiedener Testpersonen kann identisch, nicht identisch, größer oder kleiner sein. Die erfassten Altersangaben lassen sich der Größe nach sortieren. Eine Person im Alter von 20 Jahren, ist 4 Jahre älter als eine Person im Alter von 16 Jahren. Eine Person im Alter von 16 Jahren, ist 16/20 oder 4/5 jünger als eine Person im Alter von 20 Jahren (16 = 4/5 * 20) usw.

„Wie Sie vielleicht bemerkt haben", ergänzt Herr Bossig seine Erläuterungen, „bilden alle vorgestellten Verfahren, das Nominal-, Ordinal-, Intervall- und Rationiveau, eine Hierarchie. Mit zunehmendem Skalenniveau wachsen die Aussagekraft und der Informationsgehalt der Daten, was Sie gut an dem unter Punkt IV.) aufgeführten Beispiel nachvollziehen können: Jedes Niveau besitzt neben seinen eigenen Niveaueigenschaften auch die Eigenschaften des ihm untergeordneten Ebenen. Daten höherer Niveaus lassen sich außerdem in Daten niedrigerer Niveaus überführen. So können Daten mit Rationiveau in Daten mit Ordinalniveau transformiert werden. Umgekehrt ist dies aber leider nicht möglich. In der Praxis versuchen wir Forscher daher möglichst hohe Messniveaus zu wählen, um eine maximale Analysemöglichkeit und einen maximalen Informationsgewinn zu erzielen."

2.4 Bewertung der Informationen in der Marktforschung

Herr Bossig erklärt das weitere Fortgehen in der Marktforschung: „Liegen die Daten vor, müssen wir die Informationen entsprechend der Problemstellung nicht nur auswählen und bestimmen, sondern auch bewerten. Die Kriterien, nach denen man die Datenerhebung prüfen und urteilen kann, sind: Nützlichkeit, Aktualität, Vollständigkeit, Wahrheit, Wahrscheinlichkeit, Kosten-/ Nutzen- und entscheidungstheoretische Überlegungen, aber auch Validität (Gültigkeit) und Reliabilität (Zuverlässigkeit).

Bitte bedenken Sie dabei, Herr Neugier, dass an Messungen in der Forschung bestimmte Anforderungen gestellt werden. So müssen die bei der Datenerhebung eingesetzten Werkzeuge eine definierte Qualität besitzen. Um die Messinstrumente (in unserem Beispiel: der Fragebogen) zu definieren, werden in der Marktforschung verschiedene Kriterien herangezogen, wie beispielsweise die Frage nach der

- Validität (Misst das Werkzeug das, was wir messen wollen?)
- Reliabilität (Misst das Werkzeug das, was wir messen wollen verlässlich?) und
- Praktikabilität (Ist das Messwerkzeug für unsere Zwecke geeignet?).

Validitäten lassen sich mit Hilfe mathematischer Operationen und Kennwerte beschreiben, Diese Mathematik basiert auf Korrelationsüberlegungen der Messwerte mit den wahren Werten. Wenn Sie mehr dazu und zu den Spezifikationen der Gütekriterien wissen wollen, können Sie dies in der einschlägigen Fachliteratur nachlesen.

Validität und Reliabilität beziehen sich auf Unzulänglichkeiten, mit denen jedes Messinstrument behaftet ist", weiß Herr Bossig aus Erfahrung zu berichten. „Validität bezieht sich auf systematische, konstante Fehler, während Reliabilität der Frage nach unsystematischen, variablen Fehlern nachspürt. Ist der variable Fehler zufällig verteilt, so ist er stochastisch und kann durch wiederholte Messungen verringert werden – über die Anzahl der Messungen „mittelt" er sich heraus, er nivelliert sich.

Fehlerabschätzungen und Optimierungspotenziale lassen sich idealerweise vor der Hauptmessung durch einen Pre-Test angehen: Es wird also ein „Probelauf" der Hauptmessung mit reduziertem Umfang als verkürztes Abbild des Vorhabens gestartet. Gleiches erreicht der Forscher durch den Einsatz der Messinstrumente über die Zeit hinweg, indem er mit dem Instrument Erfahrung sammelt.

Die verschiedenen Aspekte erklärt Herr Bossig mithilfe eines einfachen Beispiels: „Betrachten wir ein Metermaß: die Validität betrifft die richtige Länge

(Eichung) des Metermaßes. Ist das Maß nicht korrekt geeicht, geht in jede Messung ein gleichbleibender Fehler ein.

Ist das Metermaß beispielsweise aus einem Material, das je nach Temperatur oder Luftfeuchtigkeit seine Länge verändern würde, so entsteht ein Fehler, der bei verschiedenen Messungen variiert. Je kleiner dieser Fehler ist, desto größer ist die Reliabilität des Metermaßes." Dies leuchtet Herrn Neugier ein.

2.5 Datenschutz in der Marktforschung

Einen wichtigen Punkt, der ihm als Marktforscher besonders am Herzen liegt, will Herr Bossig schließlich noch ansprechen und sieht den Praktikanten eindringlich an: „Wenn Sie erfolgreich mit Ihren Testpersonen zusammenarbeiten und qualitativ hochwertige Ergebnisse erzielen wollen, müssen Sie das Vertrauen Ihrer Testpersonen gewinnen. Dazu gehört die uneingeschränkte Zusage, dass Sie deren Daten und Angaben schützen. Bei der Verarbeitung und Sammlung personenbezogener Daten sind daher nicht nur Datenschutzregeln, sondern auch weitere Empfehlungen und Ehrenkodizes zu beachten", erklärt Herr Bossig weiter.

„Insbesondere ist in diesem Zusammenhang hinzuweisen auf

- die Freiwilligkeit der Teilnahme an Datenerhebungen,
- die Wahrung der Anonymität der Testpersonen,
- die korrekte Aufbewahrung personenbezogener Daten,
- die Meldepflicht von Forschungsinstituten beim zuständigen Datenschutzamt.

Darüber hinaus ist es nicht erlaubt, den Testpersonen in einer Befragung auch noch ein Produkt zu verkaufen, also dem Befragten nach einem Interview im Rahmen einer Studie zum Thema Finanzen auch noch ein Geld-Anlageprodukt xy anzubieten.

Nähere Informationen und Erläuterungen zum Datenschutz können Sie bei den Datenschutzämtern, unter www.bvm.org sowie www.adm-ev.de, einsehen. Dort finden Sie Hinweise, wie Sie den Datenschutz innerhalb verschiedener Studien anwenden können und müssen."

Herr Neugier notiert in sein Skript:

Die Forschung läuft in einem Prozess ab (Projektskizze), der die Erfüllung der Informationsbeschaffungs-Aufgabe systematisch ermöglicht.

Folgende Arbeitsschritte gelten für diese Projektskizze:
  a. Problemformulierung
  b. Projektaufbau
  c. Bestimmung und genaue Beschreibung der Erhebungsmethode
  d. Darstellung des Erhebungsplans
  e. Beschreibung der Datenanalyse
  f. Umsetzung der Datenerhebung, Ergebnisinterpretation, Forschungsbericht, Präsentation, Maßnahmenplanung/-Umsetzung.

Quellen der Forschung sind
- *betriebliche Markt-/Marketingforschung,*
- *externe Marktforschungs-Institute,*
- *externe Beratungsunternehmen,*
- *Berufsverbände, Vereinigungen, Kammern sowie öffentliche Einrichtungen und Ämter,*
- *wirtschaftswissenschaftliche Institute und Universitäten,*
- *wissenschaftliche und öffentliche Bibliotheken und Dokumentationseinrichtungen, Datenbanken, Internet,*
- *Banken, Firmen, verschiedene Werbeträger.*

Die in Frage kommenden Informationen werden bewertet hinsichtlich:
- *Nützlichkeit,*
- *Aktualität,*
- *Vollständigkeit,*
- *Wahrheit, Wahrscheinlichkeit,*
- *Kosten-/Nutzen-Überlegungen,*
- *entscheidungstheoretischen Überlegungen.*

Die Zuordnung von Zahlen oder Symbolen zu Objekten zwecks Kennzeichnung dieser Objekte wird als „Messen" bezeichnet.

Die Verwendung von Maßeinheiten (Zahlen) zur Kennzeichnung von Merkmalen eines Objektes wird als Skalierung bezeichnet. Ergebnis der Skalierung ist eine Skala.

Je nach verwendeter Skala unterscheidet man dann zwischen:

- *nominal*
- *ordinal*
- *intervall (nicht nur Skalenwerte sondern auch Differenzen der Werte sind geordnet und interpretierbar)*
- *ratio (Skalenwerte sowie Differenzen der Werte sind geordnet und interpretierbar. Zusätzlich sind die Verhältnisse der Werte geordnet und interpretierbar. Der Nullpunkt ist fixiert).*

Zur Beurteilung der Güte von Messinstrumenten (Fragebogen) werden in der Marketingforschung verschiedene Gütekriterien herangezogen, beispielsweise die:

- *Validität (Misst Werkzeug das, was wir messen wollen?)*
- *Reliabilität (Misst Werkzeug das, was wir messen wollen verlässlich?) und*
- *Praktikabilität (Ist Messwerkzeug praktikabel?).*

Bei der Verarbeitung und Sammlung personenbezogener Daten sind Datenschutzregeln, Empfehlungen und Ehrenkodizes zu beachten. Insbesondere

- *die Freiwilligkeit der Teilnahme an Datenerhebungen,*
- *die Bewahrung der Anonymität der Testpersonen,*
- *die korrekte Aufbewahrung personenbezogener Daten,*
- *die Meldepflicht von Forschungsinstituten beim zuständigen Datenschutzamt und*
- *die Unrechtmäßigkeit der Verbindung von Forschung und gleichzeitigem Verkauf.*

3. Von der Frage zum Fragebogen

Herrn Neugier ist klar, dass es verschiedene Möglichkeiten gibt, einen Informationsbedarf zu ermitteln. Außer der Beobachtung und der Analyse von Medien können Fragen gestellt werden.

Er weiß auch, dass vor der eigentlichen Fragestellung im Fragebogen Hypothesen aufzustellen sind, aus denen dann Fragestellungen abgeleitet werden können.

Das Erstellen und Testen von Hypothesen begleitet die gesamte Planung, Durchführung und Auswertung einer empirischen Untersuchung. Hypothesen sind Sätze, ihre Gültigkeit wird durch Prüfverfahren getestet. Mit dem Formulieren von Hypothesen kann eine wohlbegründete Vermutung über ein bestimmtes Verhältnis eines Objektbereiches dargestellt werden. Idealerweise sind Hypothesen Erwartungen gegenüber künftigen, noch nicht konkret beobachteten Fällen (Czerny, G.: Der Haushaltsgerätesektor im EG-Binnenmarkt – Experten antworten auf Verbraucherfragen –, Stuttgart-Hohenheim, 1991, S. 29).

3.1 Fragearten im Fragebogen

Herr Neugier bekommt heute von Herrn Bossig die Aufgabe, ein Schaubild zu entwerfen, aus dem hervorgeht, welche Arten von Fragestellungen im Fragebogen möglich sind.

Der Praktikant unterteilt sein Blatt in zwei Hälften. Auf die linke Seite schreibt er „offene Fragen" und auf die rechte Seite „geschlossene Fragen".

Fragearten	
Offene Frage (Informationsfrage; W-Frage)	Geschlossene Frage
	* Alternativfrage
	* Multiple-Choice-Frage (einfache Antwortvorgabe)
	* Multiple-Choice-Frage (mehrfache Antwortvorgabe)
	* Gruppenvergleich
	* Filterfragen
	* Mit Skala

Abbildung 4: Fragearten

Eine offene Frage wird Informationsfrage oder auch W-Frage genannt. Es sind keine Antwortmöglichkeiten vorgegeben, der Befragte soll sich unbeeinflusst und spontan aus seinem Gedächtnis äußern. So ungeschminkt die Äußerungen der Befragten sind, umso zeitaufwändiger ist die Auswertung der Fragebögen. Der nicht vorgegebene Rahmen macht es nicht immer einfach, die Antworten der Befragten miteinander zu vergleichen, und birgt noch weitere Risiken: die Testpersonen können zu langatmig oder – im Gegenteil – verkürzt antworten, oder der Text ist wegen einer schwer lesbaren Schrift kaum zu entziffern.

Im Gegensatz dazu wird bei geschlossenen Fragen das Gedächtnis durch mindestens eine Antwortvorgabe gestützt. Diese Vorgaben erleichtern das Ausfüllen und Auswerten der Angaben, weil diese vergleichbarer sind. Geschlossene Fragen haben allerdings den Nachteil, dass Antwortmuster vorgegeben sind. Dies kann bei einer großen Anzahl von Vorgaben bei den Testpersonen zur Ermüdung führen. Problematisch kann ferner sein, dass die aufgelisteten Antwortmöglichkeiten nicht vollständig sind; mithilfe einer sogenannten Ausweichkategorie „Sonstiges" wird dieses Dilemma meist gelöst, in welche der Befragte, wie bei einer offenen Frage, seine Antwort schreiben kann.

Herr Neugier notiert verschiedene Formen der geschlossenen Fragen: Alternativfrage, Multiple-Choice-Frage mit einfacher Antwortvorgabe, Multiple-Choice-Frage mit mehrfacher Antwortvorgabe, Gruppenvergleich, Filterfragen und geschlossene Fragen mit Skalen.

Er überlegt sich zuerst eine Alternativfrage. Diese geschlossene Frage hat zwei Antwortkategorien. Beispielsweise ja und nein oder männlich und weiblich.

Haben Sie schon das neueste Buch von Frau xy gelesen?

☐ ja
☐ nein

Abbildung 5: Alternativfrage

Bei der Multiple-Choice-Frage mit einfacher Antwortvorgabe sind mehr als zwei Antwortkategorien vorgesehen. Dabei können je nach Fragestellung eine oder mehrere Vorgaben angekreuzt werden.

```
┌─────────────────────────────────────────────────────────┐
│ Welches Medium zur Informationsbeschaffung nutzen Sie am meisten? │
│     ☐   Zeitung                                         │
│     ☐   Zeitschrift                                     │
│     ☐   Buch                                            │
│     ☐   Ratgeber                                        │
│     ☐   Lexikon                                         │
│     ☐   Internet                                        │
│     ☐   Radio                                           │
│     ☐   Fernsehen                                       │
│     ☐   Videotext                                       │
└─────────────────────────────────────────────────────────┘
```

Abbildung 6: Multiple-Choice-Frage (einfach)

Die Multiple-Choice-Frage mit mehrfacher Antwortvorgabe beinhaltet mehr als zwei Antwortmöglichkeiten. Jede dieser Kategorien ist einzeln unter Auswahl vorgegebener Kriterien zu bewerten.

Wie häufig nutzen Sie die einzelnen Bestandteile des Produkts?

Bestandteile	häufig	manchmal	nie
Farbfolien	☐	☐	☐
Spickzettel	☐	☐	☐
Unterweisungstafeln	☐	☐	☐

Abbildung 7: Multiple-Choice-Frage (mehrfach)

Die Filterfrage wird gerne verwendet, wenn Personen nach verschiedenen Kriterien ausgewählte oder wenn sie nur bestimmte, auf sie zutreffende Fragen beantworten sollen. Diese Frageform kann als Führungsinstrument für den Fragebogen verstanden werden, indem es die Befragten zu den gewünschten Fragen leitet.

```
┌─────────────────────────────────────────────────────────┐
│ Frage 14a                                               │
│ Verteilen Sie Handouts?                                 │
│                                                         │
│     ☐   Ja                         → Weiter mit Frage 14b │
│     ☐   Nein, weil _____       → Weiter mit Frage 15! │
│                                                         │
│ Frage 14b                                               │
│ Erstellen Sie diese Handouts selbst?                    │
│                                                         │
│     ☐   Ja                                              │
│     ☐   Nein                                            │
└─────────────────────────────────────────────────────────┘
```

Abbildung 8: Filterfrage

Der Gruppenvergleich dient dazu, verschiedene Produkte, Dienstleistungen, Unternehmen oder ähnliches der gleichen Art anhand verschiedener Antwortvorgaben im Vergleich zu bewerten.

Welcher der Ihnen bekannten Verlage erfüllt Ihrer Meinung nach die nachfolgenden Kriterien am Besten?

	Verlag A	Verlag B	Verlag C
Produkte sind immer aktuell	☐	☐	☐
Produktqualität ist hoch	☐	☐	☐
Fühle mich als Kunde ernst genommen	☐	☐	☐
...	☐	☐	☐

Abbildung 9: Gruppenvergleich

Als nächsten Punkt schreibt Herr Neugier, was bei der Frageformulierung zu beachten ist.

Grundsätzlich gilt, dass die Frage einfach und kurz gestellt ist, damit die Befragungsperson sie auch versteht. Die Frage sollte eindeutig sein, das heißt, sie muss von den verschiedenen Personen gleich verstanden werden. Dabei wird möglichst auf doppelte Negationen, Fremdwörter und unklare oder mehrdeutige Wörter verzichtet. Die Frage sollte zugleich neutral gestellt werden, damit ist gemeint, dass der Befragte nicht durch sie beeinflusst wird. Formulierungen wie beispielsweise „Sie meinen doch auch, dass ...?" sind sogenannte Suggestivfragen und sind zu vermeiden (vergleiche dazu auch Pepels, W.: Lexikon der Marktforschung, München, 1997, S. 96 und Friedrichs, J.: Methoden empirischer Sozialforschung, Opladen, 1985, S. 205). Es ist bei Fragestellungen ferner darauf zu achten, unterschiedliche Sachverhalte stets voneinander zu trennen.

Als letzte wichtige Anmerkung zum Themenkomplex Fragestellung hebt Herr Neugier noch hervor, dass unbedingt ein „Halo-Effekt" vermieden werden muss. Damit ist der Effekt gemeint, dass ein Befragter, der zunächst beispielsweise eine hohe Zufriedenheit zu einem Unternehmen geäußert hat, auch andere Kriterien des Unternehmens positiv beurteilen wird. Die Einschätzung des Befragten bezieht sich also weniger auf den Inhalt der Frage 2, sondern wird mehr vom Inhalt der vorherigen Frage beeinflusst.

Eine große Hilfe sind sogenannte Intervieweranweisungen, die dem Befragungsteilnehmer bei einer schriftlichen Befragung vorgelegt werden. Diese Hilfe erklärt nach jeder Frage, was zu tun ist: ob ein oder mehrere Kreuze zu machen sind, ob genauer hinterfragt werden soll, ob eine Antwort an einer bestimmten Stelle einzutragen ist, oder Ähnliches.

3.2 Skalen im Fragebogen

Den theoretischen Input zu den unterschiedlichen Skalenformen hatte Herr Neugier schon von Herrn Bossig erhalten. Er notiert sich deshalb Beispiele von Fragestellungen mit Skalen gleich in sein Skript, um den Überblick nicht zu verlieren.

Zunächst findet er ein Bespiel für eine Rangreihen-Skala.

Nennen Sie mir bitte Verlage, von denen Sie Ihre Produkte erwerben.

Anbieter	Rang

Bringen Sie diese bitte in eine Rangreihe. Der Verlag, bei welchem Sie die meisten Produkte kaufen erhält Rang 1, der, bei welchem Sie die wenigsten Produkte kaufen, den letzten Rang. (INT.: Bitte oben eintragen)

Abbildung 10: Rangreihen-Skala

Als nächstes skizziert er sich eine Beispielfrage mit einer Verhältnisskala.

Welche zusätzlichen Medien zum Produkt sind für Sie von Interesse?

	sehr großes Interesse	1	2	3	4	5	6	sehr geringes Interesse
DVD		☐	☐	☐	☐	☐	☐	
Handout		☐	☐	☐	☐	☐	☐	
...		☐	☐	☐	☐	☐	☐	

Abbildung 11: Verhältnis-Skala

Meist werden diese dann eingesetzt, wenn es um die Beurteilung von Statements, auch Kriterien oder Items genannt, geht. Es gibt die Möglichkeit, sich für gerade Skalen, zum Beispiel 4er/6er, und ungerade Skalen, zum Beispiel 5er/7er, zu entscheiden. Egal, welche Lösung im Fragebogen verwendet wird, es sollte immer die gleiche sein, um den Befragten nicht zu überfordern. Herr Neugier schreibt sich als Beispiel eine 6er-Skala auf, die für die Zustimmung gelten kann: 1= trifft voll und ganz zu; 2 = trifft zu; 3 = trifft eher zu; 4 = trifft eher nicht zu; 5 = trifft nicht zu; 6 = trifft überhaupt nicht zu. Darüber hinaus können auch Prozent-Skalen (Abb. 12) und optische Skalen (Abb. 13) zur Beurteilung von Statements herangezogen werden.

Wie viel Prozent Ihrer täglichen Arbeit verbringen Sie mir der Erstellung von Angeboten?
_____ %

Abbildung 12: Prozent-Skala

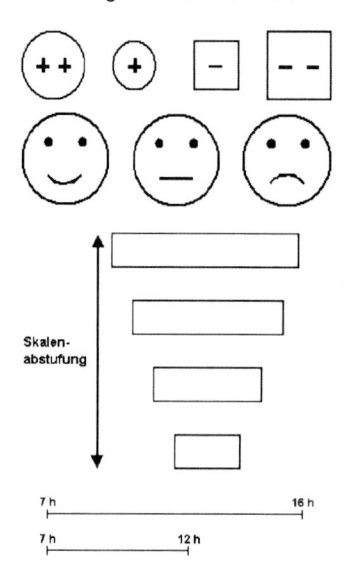

Abbildung 13: Beispiele für optische Skalen

3.3 Gestaltung des Fragebogens

Herr Neugier liest sich die Fragebögen der aktuell laufenden Studien durch und erkennt, dass diese abhängig von der Befragungsart immer nach dem gleichen Schema aufgebaut sind. Bei den persönlich-mündlichen und den telefonischen Befragungen sind die Bögen in fünf Segmente eingeteilt. Zuerst die Einleitung, dann die Einstimmungsfragen, es folgen die Kernfragen, danach die Statistikfragen und abschließend die Dankesworte. In Gedanken geht er die einzelnen Stationen eines Interviews durch.

In jeder Einleitung einer Befragung, so weiß er, sind einige Punkte als Standards vorgegeben: Der Text sollte kurz und präzise formuliert sein. Zunächst werden Nutzen und Aufwand des Interviews angesprochen, damit die Testperson weiß, wofür sie ihre Zeit opfern soll. Das schließt die ehrliche Angabe des zu erwartenden Zeitaufwands ein. Ein Hinweis, dass die Anonymität der Daten gewahrt wird, darf schließlich auf keinen Fall fehlen. Zwei weitere Punkte sind optional möglich: Eine sogenannte Strukturvorgabe, in der das Thema kurz skizziert wird, kann hilfreich sein. Ob der Auftraggeber genannt wird oder nicht, entscheidet dieser; sollen beispielsweise Innovationen getestet werden, bleibt der Auftraggeber geheim.

Die Einleitung liest der Interviewer der Befragungsperson vor und klärt zunächst, ob dieser überhaupt der richtige Ansprechpartner ist. Ist das der Fall, muss er – entsprechend seines Erfahrungshintergrunds – als Experte angesprochen werden. Bevor die eigentliche Befragung beginnt, erkundigt sich der Interviewer, ob noch Fragen bestehen oder ob mit dem Fragebogen begonnen werden kann.

Jedes Interview, das weiß Herr Neugier bereits, steigt mit den sogenannten Einstimmungsfragen ein, die den Befragten aufwärmen sollen. Daher werden sie auch „Eisbrecherfragen" genannt. Sie sind meist als offene Fragen formuliert, die leicht zu beantworten sind, auf das Thema einstimmen und Kontaktbarrieren abbauen sollen.

Die Kernfragen sind idealerweise in Themenschwerpunkte eingeteilt. Es ist sinnvoll, beispielsweise alle Fragen zum Komplex Informationsverhalten innerhalb eines Blockes zu stellen und dann zu einem nächsten Schwerpunkt überzuleiten. Es hat sich als hilfreich erwiesen, vom Generellen zum Speziellen zu fragen.

Im Anschluss daran folgen meist die Statistikfragen; das können Fragen zur Person, zum Unternehmen, oder zum Beispiel zur Internetnutzung sein. Damit kann der Interviewte besser eingeordnet werden: so können spätere Aufteilungen der Gesamtstichprobe in Teilstichproben – sogenannte Sub-Splitts – beim Tabellenaufriss ermöglicht werden. Herrn Neugier ist vorab klar, dass die Statistikfragen überwiegend als geschlossene Fragen formuliert sind.

Im abschließenden Teil wird mit den Dankesworten eine kurze Zusammenfassung der Befragung gegeben. Wenn der Befragte es wünscht, sollte der Interviewer aufzeigen, was im Anschluss an das Interview mit den Daten passiert. Damit ist die eigentliche Befragung abgeschlossen; inzwischen hat es sich eingebürgert, dass der Interviewte für seine Teilnahme ein Incentive, damit ist ein Testpersonengeschenk gemeint, erhält. Sollte dies der Fall sein, kann zu diesem Zeitpunkt die Adresse notiert werden, die vor der Auswertung aber von den erhobenen Daten getrennt werden muss.

Herr Neugier sieht sich als Nächstes den Ablauf einer schriftlichen Befragung an. Hier erkennt er gleich, dass versucht wurde, so wenige Fragen wie möglich zu stellen, damit möglichst viele Personen bis zum Schluss den Fragebogen beantworten. Da die schriftliche Befragung ohne Interviewer auskommt, muss der komplette Fragebogen selbsterklärend sein. Das beginnt mit vermehrten Anweisungen für die Befragten und endet in einem Begleitschreiben, das neben der sonst von Interviewer vorgetragenen Einleitung noch die Dankesworte und den Hinweis auf ein Incentive enthält.

Als weiteres Element hält Herr Neugier einen sogenannten Gesprächsleitfaden in den Händen. Dieser wird bei Gruppendiskussionen und bei Tiefeninterviews (speziellen, psychologischen Intensiv-Interviews) statt eines standardisierten Fragebogens eingesetzt. Er sieht, dass ein Leitfaden aus einer Einleitung, vorwiegend offenen Fragen als Gedächtnisstütze und insgesamt wenigen Themenkomplexen besteht. Letztere müssen nicht der Reihenfolge nach beantwortet werden. Der Gesprächsanteil der interviewten Personen ist in diesem Fall sehr hoch.

Dann entdeckt Herr Neugier noch einzelne Seiten mit dem Hinweis „Kontaktfragebogen". Glücklicherweise kommt gerade Frau Schlau vorbei, die er fragen kann: „Was hat es mit den Kontaktfragebögen auf sich?". Diese erklärt: „Der Kontaktfragebogen wird auch Rekrutierungsfragebogen oder Screening-Fragebogen genannt. Sinn dieses Fragebogens ist es, die Zielperson zu finden, die vom Auftraggeber definiert wurde. Es werden Merkmale der zu befragenden Person abgefragt; so kann es sein, dass beispielsweise für die Befragung nur Frauen über 40 Jahre gesucht sind. Mittels Filterfragen wird geprüft, ob die Person vom Alter her passt. Ist dies nicht der Fall, fällt sie durch das Raster und es kommt zu einem Kontaktabbruch. Ist die Person geeignet, kann sie nachlesen, um was es in der Befragung geht und entscheiden, ob sie bereit ist, an dieser Befragung teilzunehmen. Als Entschädigung für den Aufwand winkt ihr ein Testpersonengeschenk.

Da Frau Schlau sieht, dass sich Herr Neugier mit den Fragebögen der laufenden Studien beschäftigt, gibt sie ihm noch einige Tipps rund um die Gestaltung eines Fragebogens:

„Die Fragen werden in der Sprache der Befragungsperson gestellt. Damit ist die sprachliche Ausdrucksfähigkeit gemeint, richtige Fachausdrücke und richtige Antwortvorgaben. Ein idealer Fragebogen hat zugleich wechselnde und beständige Elemente: So machen verschiedene Themen die Befragung abwechslungsreich und schützen vor Ermüdung. Die Fragen sollten interessant, neu und nützlich sein. Da die Aufnahmekapazität eines jeden Menschen begrenzt ist, ist darauf zu achten, die Fragen kurz und prägnant zu stellen. Auch ein Wechsel zwischen offenen und geschlossenen Fragen bietet sich an. So kann auf eine geschlossene Frage eine offene Frage folgen, die eine Begründung der geschlossenen Frage verlangt. Variationen in der Art der Antwortvorgaben machen schließlich die Fragebogengestaltung interessanter. Beständigkeit ist hingegen bei den Skalenformen sinnvoll, damit sich der Befragte nicht immer wieder in die Skala einlesen muss – unabhängig davon müssen diese hinreichend erklärt sein. Für den Interviewer gelten auch einige Regeln: Er sollte bei allen Fragen und Antworten höflich sein und muss ehrlich hinsichtlich des Zeitaufwands sein. Außerdem sollte er einen eventuellen Abbruch des Interviews akzeptieren."

Frau Schlau ergänzt weiter: „Nach der Fragebogengestaltung und vor der Befragung bitte immer einen Pre-Test durchführen. Dieser prüft, wie lang der Fragebogen ist, ob der Fragetext verständlich ist und ob die Antwortvorgaben richtig und ausreichend sind. Idealerweise ist dieser schon in der Zielgruppe durchzuführen, gerade in Bezug auf die richtige Ausdrucksweise der Fachwörter bei Antwortvorgaben und Fragestellungen."

Mit diesen vielen Informationen kann Herr Neugier sein Skript vervollständigen.

Er schreibt zum Thema „Frage":
Unterscheidung zwischen offenen Fragen und geschlossenen Fragen.

Varianten der geschlossenen Fragen:

- *Alternativfrage,*
- *Multiple-Choice-Frage (einfache Antwortvorgabe),*
- *Multiple-Choice-Frage (mehrfache Antwortvorgabe),*
- *Gruppenvergleich,*
- *Filterfrage,*
- *geschlossene Frage mit Skala.*

Anforderungen an die Frageformulierungen:

- *einfach, kurz, eindeutig, neutral,*
- *keine doppelten Negationen, unklare Wörter, Fremdwörter,*
- *unterschiedliche Sachverhalte stets trennen,*
- *Halo-Effekt vermeiden,*
- *Intervieweranweisung.*

Gestaltung eines Fragebogens:
a) persönlich-mündlich / telefonisch

- *Einleitung*
- *Einstimmungsfragen*
- *Kernfragen*
- *Statistikfragen*
- *Dankesworte*

b) schriftlich

Zusätzliches Begleitschreiben, das die Einleitung, den Hinweis auf das Incentive und die Dankesworte enthält.

c) Gesprächsleitfaden
- *Einleitung*
- *vorwiegend offene Fragen als Gedächtnisstütze*
- *wenige Themenkomplexe*

d) Kontaktfragebogen / Rekrutierungsfragebogen / Screening-Fragebogen
- *Merkmale abfragen*
- *Themenbeschreibung*
- *Bereitschaft abfragen*

Tipps zur Fragebogengestaltung:
- *Fragen in der Sprache des Befragten stellen*
- *verschiedene Themen ansprechen*
- *Fragen sollen für den Befragten interessant, neu und nützlich sein*
- *Fragen kurz und prägnant stellen*
- *Wechsel zwischen offenen und geschlossenen Fragestellungen*
- *Variation in der Art der Antwortvorgaben*
- *nur eine Skalenform verwenden*
- *Skala muss erklärt werden*
- *keine Suggestivfragen*
- *Ehrlichkeit bezüglich der Zeitdauer der Befragung*
- *Höflichkeit bei Fragestellungen und Antworten sowie Akzeptanz bei Abbruch*

Abschließend: Pre-Test nicht vergessen.

4. Auswahl von Testpersonen

4.1 Grundlagen der Auswahl von Testpersonen

„Herr Neugier, bevor wir in die praktische Arbeit einsteigen, muss ich mit Ihnen einige grundsätzliche Bedingungen für unserer Arbeit als Marktforscher besprechen. Bitte machen Sie sich Notizen dazu", erklärt Herr Bossig dem Praktikanten. „Mit Forschungsstudien möchte man Aussagen über bestimmte Grundgesamtheiten machen und damit bedeutende, gesicherte, allgemeingültige Aussagen über existierende, bisher unbekannte Gegebenheiten und Zusammenhänge innerhalb dieser Grundgesamtheit herstellen – mit dem Ziel, die Problemstellung zu bearbeiten. Auf der Basis der Studienergebnisse möchte man für die Grundgesamtheit treffende und haltbare Aussagen machen.

Eine Grundgesamtheit kann zum Beispiel die gesamte, in Deutschland wohnende jugendliche Bevölkerung im Alter von 14 bis 29 Jahren sein. Oder alle Bundesbürger Deutschlands ab 16 Jahren. Und genau für diese Gruppe möchte man auf der Basis der Studienergebnisse sichere und haltbare – valide – Rückschlüsse treffen können, beispielsweise über deren Leseverhalten – mit dem Ziel, dieser Personengruppe zukünftig die richtigen Leseinhalte anzubieten."

„Eine exakte Beschreibung und Definition, der zu untersuchenden Grundgesamtheit ist dabei äußerst wichtig", betont der Marktforscher. „Damit alle Beteiligten wissen, über welche Grundgesamtheit die Studie später Aussagen trifft und für welche Grundgesamtheit die Studienergebnisse auch nur zutreffen. Dabei ist der Untersuchungsgegenstand, die Problemstellung des Forschungsprojekts, ausschlaggebend für die Definition der Grundgesamtheit", erklärt Herr Bossig weiter.

„In diesem Zusammenhang tauchen immer zwei Begrifflichkeiten auf, von denen Sie gehört haben sollten, Herr Neugier. Wenn man bei Studien Erkenntnisse in Form von Zahlen und Prozentwerten ermittelt, um mit ihrer Hilfe allgemeingültige Aussagen über die Grundgesamtheiten treffen zu können, spricht man von der quantitativen Forschung.

Im Gegensatz dazu konzentriert sich die qualitative Forschung primär um generelle Tendenzen und Ansichten, um das Abbild einer breiten und umfassenden Meinungsvielfalt sowie um eine Hypothesenbildung für weitere quantitative Folgestudien. In der qualitativen Forschung wird sehr offen nachgefragt, warum etwas so ist, wie es ist. Es werden Motivationen, Denk-, Meinungs-, Einstellungs-, Bewertungs- oder Verhaltensmuster anhand von nicht strukturierten, offenen Forschungstechniken analysiert und ergründet; dies können zum Beispiel Gruppendiskussionen, persönlich-mündliche, psychologische Einzelinterviews und Tiefeninterviews sein. Wenn Sie mehr über die einzelnen Techniken wissen wollen, sollten Sie sich die DIN ISO Norm 20252: Markt-, Meinungs- und Sozialforschung – Begriffe und Dienstleistungsanforderungen ansehen, die Sie sicherlich in Ihrer Universitätsbibliothek finden werden."

Herr Neugier ist dankbar für die Erläuterung, fragt dann weiter: „Aber was passiert mit den Testpersonen? Wie bestimme ich sie für unsere Studien? Ist es nicht immer besser, wenn wir alle in Frage kommenden Menschen untersuchen? Dann würde ich doch in jedem Falle ein genaues Abbild der Grundgesamtheit bekommen, oder nicht?"

Herr Bossig entgegnet: „Nein, leider nicht. In der Regel ist es unmöglich, aber auch unzweckmäßig, die Daten aller Angehörigen einer Grundgesamtheit zu erheben und eine sogenannte Vollerhebung zu starten. Denken Sie nur daran, wie teuer eine Vollerhebung sein würde, das würde unser Studienbudget sprengen – zumal die Studienresultate damit nicht unbedingt zuverlässiger werden. Eine Vollerhebung ist für die Marktforschung aber auch nicht zwingend erforderlich. Es existieren zum Glück geeignete Auswahlverfahren für Testpersonen, die vom Aufwand her in keinem Verhältnis zu dem einer Vollerhebung stehen", weiß Herr Bossig.

„Dabei beschränkt man sich auf zweckmäßig ausgewählte Teil-Populationen aus der Grundgesamtheit, sogenannte Stichproben oder auch Teilerhebungen", erklärt der Marktforscher weiter. „Gängige Größen für solche Proben sind häufig einige hundert bis circa zweitausend Versuchspersonen. Wenn Sie mögen, schauen Sie sich einmal die mathematischen Verfahren zur Ermittlung der Stichprobengröße in der Fachliteratur an; das zu erklären, würde hier den Rahmen sprengen.

Sie müssen in diesem Zusammenhang nur wissen, dass mit einer berechenbaren Sicherheit von den erhobenen Stichproben-Ergebnissen auf die Grundgesamtheit geschlossen wird; dass ein sogenannter Repräsentationsschluss durchgeführt wird. Dieser ist möglich, wenn die Teilmenge hinsichtlich des Untersuchungsmerkmals ein getreues Abbild der Grundgesamtheit ist („Abbild des Originals"). Die Studienergebnisse sind bezüglich der definierten Grundgesamtheit repräsentativ. Repräsentativität benötigt daher immer einen Bezugsrahmen.

Eine Teilmenge, die diesem Anspruch genügt, wird als repräsentativ bezeichnet; der Bezugsrahmen sind die bestimmten, innerhalb der Projektgruppe abgestimmten oder allgemein akzeptierten, Merkmale in der Grundgesamtheit", betont Herr Bossig.

„Wenn man analysiert, wie häufig die Merkmale innerhalb der Teilmenge – zum Beispiel die Merkmale wie Alter, Geschlecht und Lesehäufigkeiten – vertreten sind, so erhält man Auskunft darüber, wie gut die Struktur der Teilmenge der Struktur der Grundgesamtheit entspricht – also über die Qualität der Repräsentativität dieser Teilmenge mit Blick auf die analysierten Merkmale. Oder anders gesagt: Ob die Teilmenge ein adäquates Abbild der Grundgesamtheit ist oder ob einzelne über- oder unterrepräsentierte Merkmale in der Stichprobe durch Gewichtungsfaktoren korrigiert werden müssen. Diese Analysen lassen Rückschlüsse darauf zu, wie zuverlässig und aussagekräftig die Studienergebnisse für zukünftige Entscheidungen sind.

Grundsätzlich sollten Sie sich merken: Es ist für die Repräsentativität erforderlich, dass jede Versuchsperson oder jedes Element mit einer gewissen – möglichst berechenbaren und gleichen – Wahrscheinlichkeit in die Stichprobe gelangen kann. Weiterhin ist es notwendig, dass die Anzahl der Versuchspersonen ausreichend ist", führt der Marktforscher weiter aus. „Die Genauigkeit der Aussagen von der Teilpopulation bezogen auf die Grundgesamtheit steigt dabei, je umfangreicher die Teilpopulation geregelt wurde – nach dem „Gesetz der großen Zahl".

Für die Einhaltung dieser Zufallsvorschrift, beziehungsweise Zufallsauswahl, sind einige praktikable Realisierungsmöglichkeiten und Auswahlvorschriften notwendig, die je nach Anwendungsfall individuell festgelegt werden.

So existieren zum Beispiel:

- der Zufallszahlengenerator, der zufällig Zahlen ermittelt, mit denen die Testpersonen einer Datei bestimmt sind;
- die sogenannte Last-Birthday-Methode, die dazu führt, dass in dem ausgewählten Haushalt diejenige Person zu befragen ist, die zuletzt Geburtstag hatte;
- das Random-Route-Verfahren, bei dem eine genaue, örtlich festgelegte Strecke zu den Testpersonen führt;
- die Auswahl jeder zweiten Person einer Liste.

Dennoch darf nicht vergessen werden", mahnt Herr Bossig an, „dass auch ein Repräsentationsschluss von der Teilauswahl auf die Grundgesamtheit mit Fehlern, sogenannten Stichprobenfehlern, behaftet ist – je nach Auswahlverfahren mit einem mathematisch berechenbaren Zufallsfehler. Unabhängig davon sollte man weitere Fehlerquellen, wie beispielsweise bei der Daten-Erfassung, nicht vergessen.

Um Ihnen das Grundprinzip einer Stichprobenziehung nahezubringen, möchte ich gerne mit Ihnen abschließend noch ein Beispiel besprechen", sagt Herr Bossig und übergibt dem Praktikanten eine Notiz:

I.)

Die hypothetische Grundgesamtheit besteht aus 60 x und 40 y, die unsortiert, aufgereiht, ausgelegt sind.

II.)

Diese 60 x + 40 y sind 100 = N.

III.)

Das heißt, x sind 60% von N und y sind 40% von N.

IV.)

Eine zufällige Ziehung von acht Elementen (also: n = 8) aus dieser x-y-Elemente-Reihe wird per Würfel bestimmt.

V.)

Die gewürfelten Augen legen dabei jene Stelle in der x-y-Elemente-Reihe fest, an der das Element für die Stichprobe liegt.

VI.)

Dieses Element wird für die Probe markiert.

VII.)

Ergibt das Verfahren zufällig 2 x und 6 y, also zu 25% der x von N und zu 75% der y von N, ist das Ergebnis mit Blick auf die Grundgesamtheit ungenau.

VIII.)

Wie kann man die Stichprobe verbessern? Ein anderes Auswahlverfahren wählen oder die Stichprobe vergrößern.

IX.)

Schon die Vergrößerung von n = 20 mit 11 x und 9 y, also x = 55% von N und y = 45% von N, verbessert die Stichprobe erheblich.

„Weitere Informationen über die verschiedenen Auswahlverfahren von Testpersonen in der Marktforschung finden Sie in einer Übersicht von Frau Schlau, die Sie ja bereits kennen gelernt haben", sagt Herr Bossig. „Dies sollten Sie sich unbedingt durchlesen."

4.2 Einfache Auswahlverfahren von Testpersonen

„Das Grundprinzip der Stichprobenziehung habe ich nun verstanden", denkt sich Herr Neugier. „Dann bin ich mal gespannt, mit welchen unterschiedlichen Verfahren die Marktforscher ihre Testpersonen auswählen." Er schlägt die Notizen von Frau Schlau auf:

I.)

Die einfachen Auswahlverfahren in der Forschung, die auch als Ausgangsbasis beziehungsweise Grundprinzipien für komplexere (kombinierte und/oder mehrstufige) Stichprobenpläne in der Praxis genutzt werden können, hat Frau Schlau in einem Schaubild zusammengefasst:

```
                    ┌─────────────────┐
                    │  Teilerhebung   │
                    │    ohne/mit     │
                    │ Zufallsvorschrift│
                    └────────┬────────┘
            ┌────────────────┼────────────────┐
            │                │                │
        ┌───┴───┐        ┌───┴───┐    ┌───────┴────────┐
        │ ohne  │        │  mit  │    │Online-Stichprobe│
        └───┬───┘        └───┬───┘    │    ohne/mit    │
            │                │        │Zufallsvorschrift│
            │                │        └────────────────┘
    ┌───────┴───────┐  ┌─────┴──────┐
    │Quotenverfahren│  │  Einfache  │
    └───────┬───────┘  │Zufallsauswahl│
            │          └─────┬──────┘
    ┌───────┴───────┐  ┌─────┴──────┐
    │Konzentrations-│  │ Geschichtete│
    │  verfahren    │  │   Auswahl   │
    └───────┬───────┘  └─────┬──────┘
            │                │
    ┌───────┴───────┐  ┌─────┴──────┐
    │   Auswahl     │  │Klumpenauswahl│
    │    aufs       │  └─────┬──────┘
    │  Geratewohl   │        │
    └───────────────┘  ┌─────┴──────┐
                       │ Mehrstufige │
                       │ Stichprobe  │
                       └─────────────┘
```

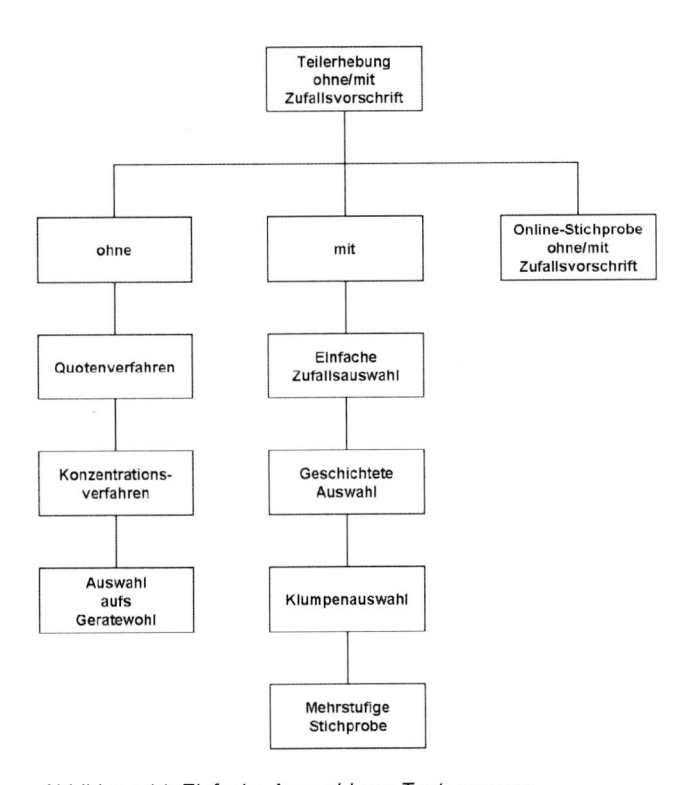

Abbildung 14: Einfache Auswahl von Testpersonen

II.)

Komplexere Stichprobenpläne sind insbesondere die Stichprobenpläne des Arbeitskreises Deutscher Markt- und Sozialforschungsinstitute (vergleiche www.adm-ev.de Baukasten), die in mehreren Arbeitsschritten die Testpersonen bestimmen:

1.) Auswahl der Sampling Points (Stichprobenstellen),
2.) Auswahl der Haushalte und
3.) Auswahl der Zielpersonen.

III.)

Ziel aller komplexeren Vorgehensweisen ist vornehmlich: die Realisierbarkeit, die Praktikabilität und die Kostenreduktion zu erreichen sowie Stichprobenfehler möglichst auszuschalten.

Generell bietet es sich an, die Auswahlverfahren vor ihrer Umsetzung beispielsweise hinsichtlich ihrer Praktikabilität, Fehleranfälligkeit, Fehlergrößen oder Chancen/Risiken zu prüfen.

IV.)

Bei einer einfachen, reinen Zufallsauswahl muss die Grundgesamtheit unbedingt vollständig erfasst sein, ohne dass die Merkmalsstruktur bekannt sein muss. Dies ist in der Realität leider kaum zu verwirklichen.

Die Auswahl der Versuchspersonen erfolgt auf der Basis von Zufallszahlen (Zufallszahlengenerator, „Lotto") oder systematischen Auswahlvorschriften („jeder Zehnte der Liste"). Wird das letztere Verfahren gewählt, muss beachtet werden, in welcher Struktur und Systematik die Elemente der Grundgesamtheit vorliegen – es sollte gewährleistet sein, dass jedes Testobjekt mit gleich großer Wahrscheinlichkeit in die Stichprobe gelangen kann.

V.)

Bei der geschichteten Zufallsauswahl wird die Grundgesamtheit in mehrere – relativ homogene – Untergruppen (Schichten) aufgeteilt, aus denen separate Stichproben gebildet werden. Die Grundgesamtheit setzt sich mit Blick auf den Untersuchungsgegenstand aus relativ homogenen Teilgruppen zusammen (wie z. B. Einzelhändler, Discounter, Warenhäuser, Branchen, Bevölkerungsschichten, Nutzer bestimmter Produktgruppen). Dieses Verfahren ist allerdings nur dann anzuwenden, wenn die Verteilung der interessierenden Merkmalsdimensionen (vergleiche Ausführungen im Kapitel Messung) bekannt sind.

Bei dieser Form der Zufallsstichprobe gibt es zwei Varianten, wie die Schichten in der Stichprobe berücksichtigt werden: Sie können proportional oder disproportional auftauchen. Von disproportional ist dann die Rede, wenn eine kleine Schicht überproportional in die Stichprobe einbezogen wird.

Dieses Verfahren bietet sich dann an, wenn die Daten einer besonders kleinen Schicht unbedingt erfasst werden sollen – selbst wenn diese nicht für die Statistik im ausreichenden Umfang vorhanden sind. Gleiches gilt für den Fall, dass die interessierenden Merkmale in unterschiedlichen Streuungen in den Schichten vorkommen.

Eine Gewichtung der Datenergebnisse mit den Schichtgewichten gleicht bei der Analyse der Ergebnisse diesen Umstand aus.

VI.)

Bei der sogenannten Klumpenauswahl wird die Grundgesamtheit in geschlossene Erfassungsgruppen – den Klumpen – von Merkmalsträgern (wie Wohnblocks, Haushalte, Betriebe, geografisch abgegrenzte Gebiete und so weiter) eingeteilt; für die Datenerhebung werden Klumpen zufällig ausgewählt. Alle Einheiten eines ausgewählten Klumpens gelangen dabei in die Stichprobe (sei es für deutschlandweite oder bevölkerungsrepräsentative Studien; für Haushaltsbefragung oder Flächenstichproben). Die Klumpen bilden sogenannte disjunkte Teilmengen der Grundgesamtheit, da sie keine gemeinsamen Elemente besitzen.

Die Grundgesamtheit und deren Struktur müssen bei Klumpenstichproben nicht vollständig vorhanden sein.

Die Vorteile der Stichprobe liegen vornehmlich darin, dass man sich bei der Datenerhebung auf geografische Räume konzentrieren kann, was auch Reisekosten der Interviewer spart.

VII.)

Die Quotenverfahren greifen explizit die Verteilung von Merkmalen in der Grundgesamtheit auf; dementsprechend wird ein Quotenplan erstellt, der in der Datenerhebung berücksichtigt werden soll. Zum Beispiel: Wenn die Grundgesamtheit einen Anteil von 45% Frauen und 55% Männern erhält, so gibt der Plan eine Anzahl von Interviews vor, über die ebenfalls 45% Frauen und 55% Männer in die Stichprobe gelangen müssen.

Beim Quotenverfahren legt der Stichprobenverantwortliche vor den Interviews fest, welche Quoten(-Merkmale) bei der Auswahl der Versuchspersonen heranzuziehen sind. Zugleich müssen die gewählten Quoten bekannt sein. Der Interviewer wählt die Versuchsperson nach dem Quotenplan selbst aus. Eine Berechnung des Stichprobenfehlers ist – wie auch bei den beiden nachfolgenden Verfahren, dem Konzentrationsverfahren und bei der Auswahl aufs Geratewohl, – kaum möglich.

VIII.)
Beim Konzentrationsverfahren werden bestimmte Versuchspersonengruppen bewusst ausgewählt und vermehrt in die Erhebung einbezogen. Hier soll der Fokus auf solche Elemente gerichtet werden, die für den Untersuchungsgegenstand besonders wichtig sind.

IX.)
Werden zum Beispiel auf der Straße Personen für ein Interview herangezogen, spricht man von einer Auswahl aufs Geratewohl.

X.)
Stichproben bei Online-Befragungen folgen den oben geschilderten Prinzipien. Allerdings liegen bisher noch keine vergleichbaren Adress- und Strukturlisten über die Grundgesamtheit der Online-Population vor, wie sie zum Beispiel bei Telefonnummernlisten und Bevölkerungsübersichten zur telefonischen Erhebungen zur Verfügung stehen.

4.3 Quotenplan bei der Auswahl von Testpersonen

Wie der Zufall es will, ist Frau Hilfreich gerade dabei, einen Quotenplan zu entwerfen. Herr Neugier darf ihr dabei über die Schulter schauen. Für ein aktuelles Projekt sollen Personen aus drei Gruppen, also Kunden, potenzielle Kunden und frühere Kunden, gesucht werden, die den eigenen Verlag A und die beiden Konkurrenzverlage B und C beurteilen sollen. Andere Quotenmerkmale sind in diesem Fall nicht vorgegeben. Insgesamt beinhaltet die Stichprobe N = 270 Befragte.

Frau Hilfreich hat für den Plan schon eine Tabelle vorbereitet. Sie besteht aus vier Spalten und vier Zeilen, also sechzehn Zellen. In die Kopfzeile schreibt sie als Spaltenüberschriften jeweils den Verlag. In die erste Spalte notiert sie in die erste Zelle der jeweiligen Zeile, die Art der Kunden. In die erste Zelle der erste Zeile und ersten Spalte schreibt sie die Stichprobenanzahl. Übrig blieben neun leere Zellen, die mit Zahlen zu füllen sind. Jede Zahl zwischen eins und 270 darf nur einmal vorkommen, denn jede Zahl ist gleichbedeutend mit einem Fragebogen beziehungsweise einer Befragungsperson. Bei neun freien Zellen fällt das Ausrechnen nicht schwer: 270 geteilt durch neun sind 30 Fälle pro Zelle. Das sind pro Zeile wie auch pro Spalte jeweils 90. Begonnen wird in der Zelle links oben mit eins bis 30, eine Zelle weiter rechts wird mit 31 bis 60 fortgefahren, bis alle Zellen voll sind.

N = 270	Verlag A n=90	Verlag B n=90	Verlag C n=90
Kunden n=90	1 – 30	31 – 60	61 – 90
Potentielle Kunden n=90	91 – 120	121 – 150	151 – 180
Frühere Kunden n=90	181 – 210	211 – 240	241 – 270

Wichtig: Ungefähr 10% überquotieren, hier sind das jeweils 3 pro Zelle

Abbildung 15: Quotenplan

Herr Neugier fragt: „Was passiert, wenn eine Person aus irgendwelchen Gründen ausfällt?" Frau Hilfreich erklärt ihm: „Dafür gibt es die sogenannte Überquotierung. In jeder Gruppe werden ungefähr 10% der Stichprobe mit hohen Zahlen versehen, wie im Beispiel ab 500 in der gleichen Weise auf die Zellen verteilt. Also 501, 502 und 503 in die Zelle von eins bis 30 und so weiter."

Der Praktikant schaut sich den Plan an und meint: „Das ist ja ganz schön kompliziert. Warum macht man so etwas?". Frau Hilfreich: „Hauptsächlich dient er zur Kontrolle: Dank des Quotenplans wissen die Interviewer, welche Nummer ihre Fragebögen haben; die Feldabteilung und Marktforschungsabteilung streichen alle Zahlen im Quotenplan von den eingehenden Fragebögen ab."

Herr Neugier ergänzt sein Skript:

Forschungsstudien liefern Aussagen über Grundgesamtheiten.

Genaue Beschreibung und Definition der zu untersuchenden Grundgesamtheit ist dabei äußerst wichtig.

Nahezu unmöglich und unzweckmäßig ist es, Daten aller Angehörigen einer Grundgesamtheit zu erheben (Vollerhebung).

Es existieren geeignete Auswahlverfahren von Testpersonen, mit denen sich eine Vollerhebung umgehen lässt.

Mit berechenbarer Sicherheit wird von den erhobenen Stichproben-Ergebnissen auf die interessierende Grundgesamtheit geschlossen (Repräsentationsschluss).

Der Repräsentationsschluss ist dann möglich, wenn die Teilmenge hinsichtlich des Untersuchungsmerkmals ein getreues Abbild der Grundgesamtheit ist.

Grundsätzlich ist erforderlich:

- *dass jede Versuchsperson oder jedes Element mit einer gewissen (möglichst berechenbaren und gleichen) Wahrscheinlichkeit in die Stichprobe gelangt und*
- *dass die Anzahl der Versuchspersonen in ausreichendem Maße vorhanden ist.*

Die Genauigkeit der Aussagen über die Teilpopulation bezogen auf die Grundgesamtheit steigt, je umfangreicher die Teilpopulation geregelt wurde (nach dem „Gesetz der großen Zahl").

Bei einer einfachen, reinen Zufallsauswahl:

- *muss Grundgesamtheit vollständig erfasst sein,*
- *muss die Merkmalsstruktur nicht bekannt sein.*

Die Auswahl der Versuchspersonen erfolgt auf der Basis:

- *von Zufallszahlen (Zufallszahlengenerator, „Lotto") oder*
- *systematische Auswahlvorschrift („jeder Zehnte der Liste").*

Bei den Auswahlvorschriften muss beachtet werden:

- *in welcher Struktur und*
- *Systematik die Elemente der Grundgesamtheit vorliegen,*
- *es sollte gewährleistet sein, dass jedes Testobjekt mit der gleich großen Wahrscheinlichkeit in die Stichprobe gelangen kann.*

Geschichtete Zufallsauswahl: Die Grundgesamtheit wird in mehrere Untergruppen (= Schichten) aufgeteilt, aus denen separate Stichproben gebildet werden.

Klumpenauswahl: Die Grundgesamtheit wird in sogenannte Klumpen eingeteilt und es werden zufällig Klumpen für die Datenerhebung ausgewählt. Alle Einheiten eines ausgewählten Klumpens gelangen in die Stichprobe.

Quotenverfahren:

- *greifen explizit die Verteilung von Merkmalen in der Grundgesamtheit auf und*
- *bauen darauf einen Quotenplan auf, der in der Datenerhebung berücksichtigt werden soll.*

Der Quotenplan ist eine Tabelle. Die Stichprobe wird gemäß den Quotierungsmerkmalen auf die jeweiligen Zellen aufgeteilt. Wichtig: Überquote von ungefähr 10% nicht vergessen.

Konzentrationsverfahren:

- *bestimmte Versuchspersonengruppen werden bewusst ausgewählt und*
- *vermehrt in die Erhebung einbezogen,*
- *der Fokus soll auf solche Elemente gerichtet werden, die für den Untersuchungsgegenstand besonders wichtig sind.*

Werden zum Beispiel auf der Straße Personen für ein Interview herangezogen, spricht man von einer Auswahl aufs Geratewohl.

Stichproben bei Online-Befragungen:

- *unterliegen im Prinzip den gleichen Gedankengängen wie in den oben genannten Verfahren.*
- *Es liegen noch keine vergleichbaren Adress- und Strukturlisten über die Grundgesamtheit der Online-Population (Telefonnummernlisten, Bevölkerungsübersichten) vor.*

5. Marktforschungsdienstleister

Als der Praktikant morgens in die Abteilung kommt, ist Herr Klug schon in der ersten Besprechung. Im Anschluss daran stellt er Herrn Neugier das Projekt vor, an dem er aktuell arbeitet.

5.1 Externe Marktforschungsdienstleister der Marktforschung

Die Geschäftsleitung hat Herrn Klug beauftragt, für ein Sonderprojekt einen externen Dienstleister zu suchen. Der Internetauftritt des Verlags soll überarbeitet werden und mindestens einmal vorab getestet werden.

Herr Klug bindet Herrn Neugier in das Projekt ein: „Machen Sie sich bitte Gedanken darüber, welche Art externer Dienstleister aus der Marktforschungsbranche uns dafür hilfreich wären."

Dieser rekapituliert, was er im Studium gehört hat: Es gibt zunächst das Marktforschungsinstitut, auch Full-Service-Institut genannt. Dieses lässt sich vom Auftraggeber briefen und wickelt im Anschluss die Studie bis zur Präsentation ab.

Dann fallen ihm die Feldservices ein, die lediglich Interviews durchführen und das Ergebnis danach in der Form, in der der Auftraggeber es haben will, abgeben.

Studios sind eine weitere Variante der Marktforschungsdienstleister. Interviewpartner werden ins Studio eingeladen oder von der Straße ins Studio „gebaggert". Es stehen Interviewer auf der Straße, sprechen Passanten an und bitten sie, ins Studio zur Befragung zu kommen. Studios haben apparative Verfahren und Techniken vor Ort, die sehr kostspielig sind, sie haben mehrere und größere Räumlichkeiten als ein Institut oder die Abteilung eines Unternehmens.

Schließlich zählen noch Berater zu den Marktforschungsdienstleistern. Sie beraten den Auftraggeber im Briefing hinsichtlich aller Marktforschungsbelange und verfügen über Kooperationen, um die Abwicklung der Studie zu gewährleisten. Darüber hinaus sind sie auf Wunsch bei der Umsetzung der Ergebnisse beratend tätig.

Herr Neugier entscheidet, dass ein Berater im Verlag nicht nötig ist, denn die Abteilung hat genügend Marktforschungswissen. Ein Studio könnte vielleicht für die Befragung erforderlich sein, wenn unter Umständen mehrere Personen zusammen ein Gespräch führen sollen. Ein Feldservice ist unnötig. Für das Sonderprojekt reicht ein Partner, der nur die Interviews übernimmt, nicht aus. Ein Institut wäre ideal. Wie viel kostet das? Je nachdem, wie viel an Leistungen an Fremde abgegeben wird, desto teurer wird es auch. Er geht mit seinen

Ausführungen zu Herrn Klug. Dieser lobt die Vorarbeit des Studierenden. Als Praktikant wusste er jedoch nicht, dass die Geschäftsführung gerne ein Institut beauftragen möchte. Falls Diskussionsrunden Teil der Studie sein sollten, würde dieses mit einem Partner-Studio zusammenarbeiten.

5.2 Auswahlkriterien für Marktforschungsdienstleister

Herr Neugier darf die Institute für einen Erstkontakt auswählen. Er überlegt, nach welchen Kriterien er die Auswahl treffen soll.

Seiner Meinung nach ist wichtig, dass das Institut über die Verlagsbranche informiert ist, es sollte Erfahrungen mit Erhebungsmethoden zum Thema Internetauftritt haben. Ein Vorteil wäre sicher auch, wenn das Institut in der Nähe des Verlages beheimatet ist. Er nimmt sich ein Nachschlagewerk vor, und wählt aus der Auflistung von Marktforschungsdienstleistern acht Institute aus.

Herr Klug nimmt sich Zeit und sie sprechen über beides. Bei diesem Sonderprojekt findet Herr Klug es vernachlässigbar, dass das Institut Verlagsbranchenkenntnisse besitzt. Die anderen Kriterien findet er ebenso wichtig wie sein Praktikant, für ihn ist darüber hinaus aber auch entscheidend, dass es ein Institut mit langjähriger Erfahrung ist und über eine ausreichend große Anzahl an Interviewern verfügt. Letztere garantieren, dass viele Interviewer eingesetzt werden können, die Studie somit zügig abgewickelt werden kann und ein Interviewer nur wenig Interviews zu machen braucht. Gut wäre es auch, wenn das Institut Mitglied in einem Berufsverband ist, damit gewährleistet ist, dass nach dem Ehrenkodex der Marktforschung gearbeitet wird.

Aufgrund dieser Kriterien sind noch drei Institute in der Auswahl. „Eine ideale Zahl", meint Herr Klug zu Herrn Neugier. „Wir haben Vergleichsmöglichkeiten und die Zeit für die benötigten Briefinggespräche hält sich im Rahmen."

Herr Klug vereinbart mit den Instituten einen Termin.

5.3 Briefing externer Marktforschungsdienstleister

Bis zu den Briefingterminen bleibt noch etwas Zeit. Diese nutzt Herr Klug, um sie vorzubereiten. Er nimmt dazu seine Checkliste an die Hand:

Es ist vorab zu klären, welche Informationen gewonnen werden sollen: neben der Definition des Problems muss auch die Zielsetzung der Studie bekannt sein. Darüber hinaus sollten die Informationen über die Zielgruppe und deren Verbreitungsgrad bekannt sein.

Für die Briefinggespräche müssen Räumlichkeiten reserviert und eventuell für Verpflegung gesorgt werden. Der Teilnehmerkreis erhält eine Einladung. In diesem Fall sollen Mitglieder der Geschäftsführung, Verantwortliche aus dem IT-Bereich und die Marktforscher vertreten sein.

Einige Tage später finden die Briefingtermine statt. Herr Neugier darf anwesend sein und verfolgt gespannt den Ablauf. Nachdem der Teilnehmerkreis durch Herrn Klug bekannt gemacht wurde, stellen sowohl Institut und Verlag ihr Unternehmen vor. Danach werden die vorbereiteten studienrelevanten Inhalte ausgetauscht. Jetzt beginnt die Diskussion über die Thematik. Das Institut schlägt Methode sowie Stichprobengröße vor und nennt mögliche Fragestellungen. Alle Fragen von beiden Seiten werden geklärt. Zum Schluss wird vereinbart, wann der Verlag das Angebot erhält und zu welchem Termin die Ergebnisse vorliegen sollen.

5.4 Angebot und Auftragsgestaltung externer Marktforschungsdienstleister

Herr Klug zeigt Herrn Neugier, wie so ein Auftrag idealerweise aussieht: neben der Formulierung des Problems und der Zielsetzung ist die Art der Methode und die Größe der Stichprobe beschrieben. Es werden Fragethemen angesprochen, aber noch kein Fragebogen geliefert. Die wichtigen Termine sind aufgeführt: Termin für die Lieferung von Datenmaterial, zum Beispiel Adressen, Beginn der Feldzeit, Ende der Feldzeit, Dauer der Auswertung, Ergebnislieferung beziehungsweise möglicher Präsentationstermin. Anschließend folgen detaillierte Informationen zur Auswertung: Auswertungsformat, ungefähre Anzahl der Grafiken, Aufteilung des Ergebnisberichts, gegebenenfalls spezielle Statistiken. Zum Schluss sind Kosten und Verantwortliche aufgeführt.

Herr Neugier fragt Herrn Klug: „Welche Faktoren beeinflussen die Kosten?" Herr Klug erklärt: „Die Art der Befragung ist ein wesentlicher Kostenfaktor. Je nachdem, wie hoch die Anzahl der Interviews ist, die an einem Tag geleistet werden können, sind die Kosten entweder höher oder niedriger. Müssen Interviewer zu Interviewpartnern fahren, nimmt das zwangsläufig mehr Zeit in Anspruch, es können weniger Interviews pro Tag gemacht werden und entsprechend sind die Kosten höher als bei einer anderen Art der Befragung.

Als weiteres Kriterium nennt Herr Klug die Dauer des Interviews. Je länger dieses dauert, umso weniger Interviews können pro Tag gemacht werden und es wird teurer.

Ein wichtiger Aspekt ist die Stichprobengröße. Je größer die gewünschte Anzahl der Interviews, desto teurer die Gesamtkosten. Der Zeitbedarf, wie lange die Studie insgesamt dauert, ist ein weiterer Faktor für die Höhe der Gesamtkosten. Je länger die Mitarbeiter des Instituts daran arbeiten, umso höher sind die Personalkosten dafür.

Auch der Auswertungsaufwand für die Studie, beispielsweise, ob besondere statistische Auswertungen nötig sind, beeinflusst die Kosten."

Nach ein paar Tagen liegen die Angebote der gebrieften Institute vor. Herr Klug bittet Herrn Neugier zu sich ins Büro, um diese zu sichten. Sie einigen sich auf folgende Vorgehensweise: Herr Klug stellt die Anforderungen vor, die zu prüfen sind, und Herr Neugier schaut im Angebot nach. Da sich alle Institute an die Vorgaben des Briefings gehalten haben, können die einzelnen Punkte verglichen werden.

Herr Klug sagt zu Herrn Neugier: „Bitte prüfen Sie, ob die Institute die Problematik und die Zielsetzung verstanden haben." Herr Neugier liest die Passagen durch und bejaht dies. Herr Klug will nun die angegebene Stichprobengröße wissen und ob es Sub-Splitts gibt. Auch in dieser Frage folgen die Institute dem Briefing. Nun will Herr Klug wissen: „Hat eines der Institute eigene Ideen ins Angebot eingebracht, die nicht im Briefing besprochen wurden?" Herr Neugier erläutert, dass das erste Institut ergänzende Aspekte zum Vorgehen der Befragung vorschlägt. Aber passt das zur Befragung? In diesem Fall scheint es zu einer Verbesserung des Vorgehens zu führen. Die nächste Frage nach einem Projektleiter kann Herr Neugier in den Angeboten des ersten und dritten Instituts finden. Zur Frage nach der Qualitätssicherung bei der Auswahl beziehungsweise Befragung der Interviewten steht in keinem Angebot etwas. Herr Klug notiert sich dies und beschließt nachzufragen. Aus allen Angeboten geht hervor, wie die Auswertung erfolgt und wie der Ergebnisbericht aufgeteilt ist. Bei Institut 1 sind sogar zwei Exemplare mehr im Preis enthalten, die der Auftraggeber erhält. Alle Institute listen bei der Preisangabe Einzelposten auf, so dass es leicht ist, sie miteinander zu vergleichen. Nach dem Vergleich ist Institut 1 der Favorit aufgrund des Vorschlags, die Befragung anders zu gestalten. Herr Klug meint, wenn das Institut noch in der Qualitätssicherung punkten kann, erhält es den Auftrag – was auch passiert.

Anschließend wird der Auftrag schriftlich fixiert und die Zusammenarbeit kann beginnen. Der schriftliche Auftrag beinhaltet folgende Kriterien:

- das Projekt/die Studie inklusive Erläuterung von Sinn und Zweck,
- den Preis,
- die Stichprobe mit genauer Beschreibung der Zielpersonen,
- die Leistungen, die das Institut zu bringen hat,
- die Leistungen der Marktforschungsabteilung/des Verlags,
- den Zeitplan.

Dieser Auftrag wird dann von den Unterschriftsberechtigten unterzeichnet.

Herr Neugier notiert in sein Skript:

Je nach Art der Leistungen unterscheidet man verschiedene Dienstleister:

- *Marktforschungs-Institut (Full-Service-Institut)*
- *Feldservice*
- *Studio*
- *Berater*

Diese können nach unterschiedlichen Kriterien ausgewählt werden:

- *Firmendaten, zum Beispiel Standort, Anzahl Mitarbeiter/Interviewer,*
- *Leistungsprofil, beispielsweise Forschungsgebiete, Erhebungs-/Auswertungsmethoden, Branchen/Märkte,*
- *sonstige Kompetenzen, die für die Bearbeitung des Auftrags wichtig erscheinen.*

Idealerweise drei vergleichbare Dienstleister auswählen.

Vor dem Briefings sind abzuklären:

- *Problem und Zielsetzung,*
- *Informationsbedarf,*
- *Daten über Zielgruppe,*
- *Organisatorisches, zum Beispiel Räumlichkeit, Catering, Teilnehmerkreis, Einladung.*

Ablauf des Briefings:

- *Vorstellung aller Teilnehmer (Auftraggeber, Dienstleister),*
- *Unternehmen gibt relevante Informationen zum Untersuchungsgegenstand,*
- *Marktforschungs-Dienstleister schlägt Vorgehen für Untersuchungsgegenstand vor,*
- *Diskussion/Rückfragen/Terminvereinbarungen hinsichtlich Angebots- und Ergebnislieferung.*

Das Angebot beinhaltet:

- *Formulierung von Problem und Zielsetzung,*
- *Art der Methodenerhebung sowie Stichprobe,*
- *Fragethemen,*

- *Termine,*
- *Informationen zur Auswertung,*
- *Kosten.*

Kosten beeinflussende Faktoren sind unter anderem:
- *Befragungsart,*
- *Interviewdauer,*
- *Stichprobengröße,*
- *Zeitbedarf der Studie insgesamt,*
- *Auswertungsaufwand.*

Angebote sollen erfahrungsgemäß nach folgenden Punkten geprüft werden:
- *Hat Marktforschungs-Dienstleister Problematik und Zielsetzung verstanden?*
- *Wie groß ist die Stichprobe? Gibt es Sub-Splitts?*
- *Wurden eigene Ideen ins Angebot eingebracht?*
- *Ist ersichtlich, welcher Projektleiter für die Studie verantwortlich ist?*
- *Wie erfolgt die Qualitätssicherung bei der Auswahl/Befragung der Befragten?*
- *Wie erfolgt die Auswertung?*
- *Wie ist der Ergebnisbericht aufgeteilt?*
- *Welche Einzelposten sind im Preis enthalten, welche nicht?*

Auf jeden Fall sollte der Auftrag schriftlich erteilt werden.

6. Erhebungsmöglichkeiten der Marktforschung

In den nächsten Tagen erhält unser Praktikant viele Informationen über das Spektrum der Marktforschungserhebungen, die während seines Aufenthaltes durchgeführt werden.

6.1 Schriftliche Befragung

Herr Neugier wird gleich am frühen Morgen zu seinem Chef Herrn Bossig gerufen. Bei einer schriftlichen Befragung, die Herr Klug vor drei Wochen versandt hatte, waren Probleme aufgetreten. Schon in einer Stunde soll das Meeting stattfinden, bei dem Herr Neugier ebenfalls dabei sein darf.

Herr Neugier liest sich noch schnell in den Projektordner ein. Aha, bei der neuen Auflage des Buches „Projektmanagement" wurde eine CD beigelegt und diese sollte mit Hilfe eines schriftlichen Fragebogens auf ihre Akzeptanz hin überprüft werden. Neben neuer Auflage und CD bekam der Kunde einen separaten Umschlag, der unter anderem den Fragebogen enthielt. So, noch schnell den Fragebogen überfliegen und ab in das Meeting. Herr Neugier ist neugierig. Solch eine Befragungsart kennt er natürlich. Ab und zu hatte er selbst schon einen schriftlichen Fragebogen im Briefkasten. Manchmal hat er ihn ausgefüllt und zurückgeschickt, manchmal hat er ihn aber beiseite gelegt und als er ihn dann später wieder gefunden hat, in den Papierkorb geworfen. Herr Neugier überlegt schon mal auf dem Weg zum Meeting, wann seine Bereitschaft groß ist, einen Fragebogen auszufüllen, und wann nicht.

Wie gewohnt eröffnet Herr Bossig die Sitzung und übergibt das Wort an Herrn Klug, der sich sogleich mit der Frage nach der Akzeptanzmessung der CD in der neuen Auflage des Buches „Projektmanagement" auseinandersetzt.

Er berichtet davon, dass nach Abschluss der Feldzeit gerade mal zehn Fragebögen zurückgekommen sind. Das entspricht nur 2,6% Rücklaufquote. Herr Bossig bittet Herrn Klug: „Bitte beschreiben Sie die Studie von Beginn an, damit wir zusammen herausfinden können, ob und wenn ja, was schief gelaufen ist." Herr Neugier hört aufmerksam zu, vielleicht kann er ja zu dem Thema etwas Sinnvolles beitragen.

Warum entscheidet man sich für eine schriftliche Befragung?

Ein Fragebogen auf Papier kann bequem mit beigelegt werden, dadurch werden extra Versandkosten und nebenbei Kosten für Interviewer gespart. Der Befragte kann den Fragebogen dann ausfüllen, wann er Zeit hat und an dem Ort, wo es für ihn geschickt ist. Dadurch ist er sich sicher, dass man ihn nicht kennt. Es kann ihn kein Interviewer beeinflussen.

Diese Befragungsart wurde bei einer ähnlichen Akzeptanzmessung schon einmal durchgeführt und erfolgreich beendet. Im Gegenteil: es wurden sehr viele Kundenaussagen gesammelt.

Herr Bossig bittet darum, sich zuerst Fragebogen und Begleitschreiben durchzuschauen. Im Unterschied zu anderen Methoden muss beim schriftlichen Fragebogen ein Begleitschreiben beigelegt werden, das wichtige Kriterien erfüllt: ein persönliches Anschreiben, eine Erläuterung, warum die Befragung für die Person einen Nutzen hat, ein eindeutiges Rücklaufdatum und die Incentivierung, das heißt ein oder mehrere zur Auswahl stehende Testpersonengeschenke. Ein schriftliches Dankeschön versteht sich von selbst. Der frankierte Rückumschlag war ebenfalls dabei, damit die Kunden keine Portokosten für die Rücksendung ausgeben müssen.

Hier scheint also alles in Ordnung. Herrn Neugier gefällt vor allem, dass das persönliche Anschreiben mit Bild von Herrn Klug versehen und von ihm persönlich unterschrieben ist, so kann sich der Leser die Person bildlich vorstellen, die darum bittet, bei der Befragung mitzumachen.

Nun lesen sich alle noch mal den Fragebogen durch. Der Umfang ist mit einer DIN A4-Seite mehr als akzeptabel. Der grafische Aufbau des Fragebogens ist sehr sauber und ansprechend, keine Fehler oder schlampige Kopien. Insgesamt sind wenige offene Fragen gestellt worden, die sich, wie Herr Neugier wusste, auf maximal 20% innerhalb eines schriftlichen Fragebogens beschränken sollten. Dadurch ist eine hohe Vergleichbarkeit möglich und die Auswertung ist einfacher. Auch Skalen und Listen sind rasch erfassbar. Soweit ist alles korrekt. Intervieweranweisungen werden eingesetzt, wo sie nötig sind, nicht zu viel und nicht zu wenig. Inhaltlich oder formal gibt es nichts auszusetzen.

Aber woran liegt es dann, dass der Rücklauf so gering war? Herrn Neugier fällt nichts mehr ein, was noch überprüft werden könnte.

Herr Klug wirft in die Runde ein: „Ist die von mir gewählte Dauer mit drei Wochen Rücklaufzeit angemessen?" Herr Bossig erklärt darauf hin: „Zwei bis vier Wochen Rücklaufzeit sind passend." Herr Neugier fragt nach: „Spielt die Ferienzeit beim Rücklauf eine Rolle?" Dies hatte er schon bei einer Gruppendiskussion mitbekommen, die nur außerhalb gängiger Urlaubszeiten stattfinden konnte. Sowohl Herr Bossig als auch Herr Klug bestätigen, dass die Ferien durchaus eine Rolle spielen, hauptsächlich die Weihnachts-, Oster- und Sommerferien, da zu dieser Zeit die meisten Personen verreisen. In diesem Falle kollidierte der Zeitpunkt der Befragung jedoch nicht mit der Ferienzeit.

Schließlich meint Herr Bossig: „Ich würde gerne wissen, wie hoch die Grundgesamtheit insgesamt ist, also die Anzahl der Kunden, die mit der CD den

Fragebogen erhalten haben." Das wusste Herr Klug auf Anhieb nicht und fragt bei Frau Hilfreich nach. Diese gibt durch, dass es in der Summe 378 Kunden seien, die sowohl CD als auch Fragebogen erhalten haben. Herr Bossig wird schon während des Telefonats hellhörig. Jetzt begreifen auch die anderen beiden, dass hierin das Problem besteht. Herr Neugier erinnert sich, dass eine Grundgesamtheit mindestens 500 Befragte sein musste. Man geht davon aus, dass bei idealer Rücklaufquote von 10% immer noch 50 Interviews vorliegen, die gesicherte Aussagen liefern können. Herr Klug wird blass. So ein Fehler ist ihm schon lange nicht mehr unterlaufen.

Zum Glück ist das Meeting für den Studienverlauf sehr zeitig angesetzt worden. Herr Neugier fragt: „Kann mit einer Nachfassaktion noch etwas gerettet werden?" Die drei diskutieren und entscheiden sich für Herrn Neugiers Vorschlag, da noch genügend Budget für diese Studie vorhanden ist. Unter der Leitung von Herrn Klug darf Herr Neugier die Nachfassaktion durchführen. Für ihn bedeutet dies: er entwirft nochmals ein Begleitschreiben mit einem neuen Rücklaufdatum und schickt dies mit dem alten Fragebogen und einem frankierten Rückumschlag an den Verteiler. Herr Neugier und Herr Klug müssen jetzt weitere zwei Wochen warten, um zu erfahren, ob diese Nachfassaktion erfolgreich war und ausreichend Rücklauf zur Auswertung vorliegt.

Herr Neugier macht sich folgende Notizen in sein Skript:

Wenn vorhandene Produkte verändert beziehungsweise verbessert werden sollen, eignet sich eine schriftliche Befragung besonders.

Voraussetzungen für eine erfolgreiche schriftliche Befragung sind:

- *ausreichende Grundgesamtheit,*
- *Ferienzeiten beachten,*
- *persönliches Begleitschreiben mit Incentive, eindeutigem Rücklaufdatum, ausreichender Rücklaufzeit, Erklärung des Nutzens der Befragung,*
- *frankierter Rückumschlag,*
- *geringer Fragebogenumfang,*
- *sauberes Erscheinungsbild des Fragebogens,*
- *Verhältnis von offenen zu geschlossenen Fragen circa 20% : 80%,*
- *rasch erfassbare Skalen und Listen,*
- *Intervieweranweisungen dort, wo sinnvoll und nötig.*

Vorteile einer schriftlichen Befragung sind:
+ *relativ preisgünstig*
+ *zeitlich unabhängig vom Befragten auszufüllen*
+ *räumlich unabhängig*
+ *quantitatives Instrument (viele Kundenaussagen)*
+ *Anonymität gewährleistet*
+ *keine Interviewerbeeinflussung*
+ *hohe Standardisierung und Vergleichbarkeit*
+ *einfachere Auswertung durch den größeren Anteil an geschlossenen Fragen*

Nachteile einer schriftlichen Befragung sind:
- *Rücklaufquote eventuell niedrig/Nachfassaktionen nötig*
- *Befragter kann bei Unklarheiten nicht nachfragen*
- *Befragungstaktik stark eingeschränkt*
- *Fragebogenumfang eingeschränkt*
- *längerer Durchführungszeitraum erforderlich (kein definiertes Feldende)*
- *keine Überprüfung möglich, ob der Ausfüller auch die Zielperson ist.*

6.2 Persönlich-mündliche Befragung

Herr Klug ruft Herrn Neugier zu sich. Ein neues Projekt wartet und Herr Neugier kann etwas dazulernen. Ein Produktmanager will eine neue CD-ROM in einer Beta-Version an 30 Kunden testen. Dieser Test soll mit einer persönlich-mündlichen Befragung, die auch face-to-face-Befragung oder paper & pencil-Befragung genannt wird, begleitet werden. Im EDV-Labor bietet sich genügend Platz für einen solchen Test an den Kunden. Herr Klug und der Produktmanager einigen sich darauf, den Test mit Befragung an drei aufeinander folgenden Tagen durchzuführen. Jeweils zehn Kunden sollen pro Tag eingeladen werden. Zuerst sollen sie die CD-ROM am Computer ausprobieren und verschiedene Aufgaben lösen, die der Produktmanager vorgibt. Anschließend werden sie in einem dafür gemieteten Besprechungsraum einzeln zu der CD-ROM befragt. Als Interviewer sollen Frau Hilfreich und Herr Neugier eingesetzt werden. Herr Neugier darf den Fragebogen konzipieren. Er denkt nach und kommt zu dem Schluss, überwiegend offene Fragen zu stellen, um Verbesserungsvorschläge, Anregungen und Wünsche aufzunehmen und die gemachte Erfahrung mit der CD-ROM in Worten aufzunehmen. Ein paar geschlossene Fragen sollen aber auch enthalten sein, um Bewertungen mit Hilfe von Skalen durchzuführen. Gleiches gilt für die Statistik, die möglichst mit geschlossenen Fragen abgefragt werden soll. Herr Neugier bringt alles zu Papier. Herr Klug und der Projektleiter haben nur kleine Änderungswünsche. Der Fragebogen muss sich jetzt noch dem Pre-Test unterziehen.

Zeitgleich lädt Frau Hilfreich 33 Kunden zum Test mit anschließender Befragung in den Verlag ein. Drei Kunden mehr als benötigt, die sogenannte Überquote, als Ausgleich, falls kurzfristig Absagen kämen.

Positiv an dieser Befragungsart ist, dass die Interviewten gesehen und gehört werden, der Interviewer kann beispielsweise aufgrund der Mimik der Befragten gegebenenfalls nachfragen. Falls ein Thema angesprochen wird, das erst später im Fragebogen abgefragt wird, kann dieses vorgezogen werden. Der Interviewer kann bei den Fragen, die dem Auftraggeber wichtig sind, explorieren, das heißt genau hinterfragen, was die befragte Person damit meint. Es ist sogar möglich, reine Tiefeninterviews mit einem Leitfaden statt mit einem standardisierten Fragebogen durchzuführen, was durchaus eine Stunde dauern kann.

Nachteile hat diese Befragungsart aber auch. Das größte Problem liegt im Einfluss, den der Interviewer auf den Befragten haben kann, gerade bei unerfahrenen Interviewern kann dies passieren. Sind weitere Personen bei der Befragung anwesend, besteht die Gefahr, dass die Antworten verzerrt werden. Insgesamt ist die Befragungsart aufwändig, weil Termine vereinbart werden müssen und die vielen offenen Fragen mehr Zeit zur Auswertung erfordern. Vor allem bei persönlich-mündlichen Befragungen, die vor Ort durchgeführt werden, ist aufgrund der Fahrtkosten der Interviewer von hohen Kosten auszugehen.

Herr Neugier ergänzt sein Skript:

Eine persönlich-mündliche Befragung wird auch face-to-face-Befragung oder paper&pencil-Befragung genannt. Sie kann als teil-standardisiertes Interview oder als exploratives Tiefeninterview durchgeführt werden. Der Fragebogen besteht überwiegend aus offenen Fragen.

Die Befragungsart wird bei der Ermittlung von Wissen, Erfahrung, Einstellung sowie Know-how der Befragten eingesetzt, um Informationen zu sammeln beziehungsweise diese zu strukturieren.

Vorteile der persönlich-mündlichen Befragung:
+ Sehen und Hören der Befragten
+ Variation der Fragenreihenfolge möglich
+ gezieltes, ausführliches Nachfragen bei einzelnen Fragen möglich

Nachteile der persönlich-mündlichen Befragung:
- Interviewereinfluss möglich
- Antwortverzerrung bei der Anwesenheit Dritter
- zeitaufwendig
- vergleichsweise hohe Kosten

6.3 Gruppendiskussion

Heute geht es in der Besprechung mit Frau Schlau darum, noch mal alles für die an den nächsten zwei Tagen stattfindenden Gruppendiskussionen durchzugehen. Frau Schlau sagt: „Dieses Jahr wurden wir mit vergleichsweise vielen Gruppendiskussionen beauftragt. Das liegt daran, dass wir sehr viele neue Produktideen brauchen. Dieses Mal kommen die Teilnehmer aus dem Fachzeitschriftenbereich." An den Gruppendiskussionen nehmen jeweils acht bis zehn Personen teil. Herr Neugier fragt Frau Schlau: „Warum ist gerade diese Anzahl sinnvoll?" Frau Schlau erklärt Herrn Neugier: „Bei einer geringeren Teilnehmerzahl kommt keine Gruppendynamik zustande, es ist dann fast so wie im Einzelinterview. Bei einer größeren Teilnehmerzahl können sich weitere Grüppchen innerhalb der Gruppe bilden. Der Moderator hat dann Schwierigkeiten, die Gruppe im Griff zu behalten."

Die beiden Gruppendiskussionen dienen der Entwicklung neuer Produktideen für den Fachzeitschriftenbereich. In Einzelgesprächen hat der Produktmanager von seiner Zielgruppe einige Ideen aufgenommen, die er in den Gruppen einschätzen lassen möchte.

Für etwa eine bis eineinhalb Stunden soll über die Produktideen gesprochen und abgeschätzt werden, welche zu priorisieren ist. Frau Schlau ist die Spezialistin für Gruppendiskussionen in der Abteilung. Die Diskussionsrunden finden in einem nahe gelegenen Studio statt, mit dem die Abteilung gute Erfahrung gemacht hat. Frau Schlau zeigt Herrn Neugier den Rekrutierungsfragebogen, auch Screening genannt, mit dem die richtigen Zielpersonen eingeladen werden. Der Rekrutierungsfragebogen besteht fast nur aus geschlossenen Fragen mit Filterfunktion sowie Fragen zu den Zielgruppenmerkmalen, die bei den Teilnehmern enthalten beziehungsweise ausgeschlossen sein sollen. Außerdem wird kurz erläutert, über welches Thema die

Teilnehmer diskutieren sollen sowie wann und wo die Diskussionsrunde stattfindet und welches Incentive die Teilnehmer erhalten. Herr Neugier will wissen: „Von wem werden die Teilnehmer rekrutiert?" Frau Schlau erklärt: „Die Studios haben viel Erfahrung und deshalb übergeben wir diese Aufgabe gern. Das Studio lädt immer ein bis zwei Personen mehr ein, die sogenannte Überquote an Teilnehmer, weil es möglich ist, dass nicht alle Angefragten zuverlässig erscheinen. Die Kundenadressen für die Rekrutierung erhält das Studio vom Verlag. Es wählt die Teilnehmer aus und lädt sie ein. Die Namen sind nur dem Studio bekannt."

Frau Schlau zeigt Herrn Neugier den Auftrag, in dem die Leistungen des Verlags als auch des Studios fixiert sind. Herr Neugier sieht darin, dass das Studio für die Verpflegung der Teilnehmer und Beobachter zuständig ist. Das heißt, es gibt abends Erfrischungsgetränke und belegte Brötchen. Weitere Aufgaben sind: das Studio sucht die Geschenke aus und übernimmt die Aufzeichnung der Diskussion. Dies geschieht mehrfach, falls ein Band während der Runde kaputt gehen sollte. Herr Neugier liest, dass ein Flip-Chart benötigt wird und ein Overhead-Projektor. Herr Neugier wundert sich, dass dies extra erwähnt wird, das sei doch heutzutage selbstverständlich. Frau Schlau widerspricht: „Nicht jedes Studio hat alle technischen Möglichkeiten vorrätig, kann diese aber besorgen. Da mehrere Aufträge in Studios, wie auch bei uns in der Marktforschungsabteilung gleichzeitig durchgeführt werden, kann es zu Engpässen kommen. Dies verhindern wir damit." Herr Neugier studiert weiter den Auftrag und sieht, dass der Verlag die Moderation übernimmt. Er will wissen: „Wer ist der Moderator bei den Gruppendiskussionen?" Frau Schlau erklärt: „Heute und morgen moderiere ich selbst." Der Produktmanager, ein Mitarbeiter aus dem Vertrieb sowie Mitarbeiter aus dem Bereich der Grafik und des Textes dürfen die Diskussion beobachten, genauso wie Frau Hilfreich und Herr Neugier. „Von wo beobachten wir?" fragt Herr Neugier. Frau Schlau breitet vor ihm den Plan vom Studio aus. Hier kann Herr Neugier sehen, dass er mit den Verlagskollegen hinter einem Einwegspiegel sitzen wird. Dieser besteht auf der Seite zum Gruppendiskussionsraum aus Spiegel und auf der anderen Seite aus Glas. So können die Beobachter die Diskussion hinter der Scheibe mitverfolgen. Frau Schlau meint: „Wir sind rechtzeitig im Studio. Dann kann ich Ihnen alles zeigen."

Frau Schlau lässt Herrn Neugier noch in ihre vorbereiteten Unterlagen schauen: die gesammelten Produktideen des Produktmanagers hat sie auf Metaplankarten geschrieben, sie hat Klebepunkte dabei, um eine Punkt-Abfrage machen zu können. Im Verlauf der Diskussion will sie herausfinden, wie die Teilnehmer die Ideen priorisieren. Sie erläutert ihm den Leitfaden, der ihr eine Gedächtnisstütze für die Diskussionsrunde sein soll. Zuerst kommt die

Begrüßung, bei der auf die Anonymität, die Aufzeichnung, auf den Einwegspiegel, das Thema der Diskussionsrunde, die Dauer der Veranstaltung, die Gesprächsregeln und die Verpflegung hingewiesen wird. Dann geht es mit dem sogenannten Warming-up weiter. Hier werden noch mal die Einladungskriterien abgefragt mit dem Vorteil, dass jeder etwas in der Runde sagen kann. Die Hemmschwelle wird für die Teilnehmer dadurch etwas abgebaut. Frau Schlau will dann eine allgemeine Frage stellen, bevor sie ein paar Stichpunkte detailliert anspricht. Sie weist Herrn Neugier darauf hin, dass es ihre Aufgabe ist, die Diskussion aufrecht zu halten, Teilnehmer, die wenig sagen, aus der Reserve zu locken und Teilnehmer, die zu dominant auftreten, zu bremsen. Herr Neugier denkt bei sich, dass Theorie und Praxis doch sehr unterschiedlich sein können, und ist gespannt auf den heutigen Abend.

Wie Frau Schlau schon gesagt hatte, bleibt vor dem Termin noch genügend Zeit, sich die Räumlichkeiten des Studios anzusehen. Der Gruppendiskussionsraum ist mit einem ovalen Tisch ausgestattet, an dem alle Teilnehmer sowie der Moderator Platz haben. Am Platz des Moderators befindet sich ein in den Tisch eingelassener Monitor, der zu einem Personal Computer gehört. Das Flip-Chart und der Overheadprojektor stehen bereit, die Mikrofone und die Kamera sind geschickt in die Decke integriert, so dass diese kaum auffallen. An der rechten Wand befindet sich ein großer Einwegspiegel. Der Beobachtungsraum ist vergleichsweise klein, hier haben sechs Personen Platz. Dieser Raum wird vor Beginn der Diskussion verdunkelt, damit die Teilnehmer der Diskussion die Beobachter nicht erkennen können. Durch die Scheibe kann die Diskussion gehört und gesehen werden. Zusätzlich gibt es eine Kamera zum Zoomen und einen Computer, wenn Beobachter mit der Moderatorin kommunizieren wollen. Frau Schlau erklärt: „Es wird nur selten davon Gebrauch gemacht. Ich selbst habe es ein einziges Mal erlebt, dass ein Auftraggeber mich darum bat, bei einer Situation nochmals genau nachzufragen." Frau Schlau erwähnt auch: „Diese Art der Kommunikation gibt es nicht in allen Studios. Ansonsten bringt eine Mitarbeiterin des Studios der Moderatorin einen Zettel in den Gruppendiskussionsraum. Wichtig ist auch, dass die Beobachter sich leise unterhalten sollen, damit die Diskussionsrunde nichts hört." Dies den anderen Beobachtern mitzuteilen, ist Aufgabe von Herrn Neugier. Frau Hilfreich soll stichpunktartig mitschreiben. Das eigentliche Protokoll – auch Transkript genannt – fertigt das Studio an, welches jedoch erst zwei Tage später geliefert wird.

Nach den beiden Diskussionen ist Herr Neugier beeindruckt, wie souverän Frau Schlau auch mit schwierigen Diskussionsteilnehmern umgehen konnte.

In beiden Gruppen waren „Schweiger" dabei, die offenbar zu Beginn nichts sagen wollten oder sich nichts zu sagen getrauten. Frau Schlau sprach diese

Personen direkt an. Sie nannte konkrete Situationen oder Beispiele und fragte nach, ob die Meinung geteilt wurde oder nicht, beziehungsweise, ob sie die gleichen oder andere Erfahrungen gemacht hätten. Tatsächlich öffneten sich diese Personen und meldeten sich zwar nicht oft zu Wort, aber beteiligten sich mehr an der Diskussion als zuvor.

In der ersten Gruppe hatte Frau Schlau es mit einem sogenannten „Laberer" zu tun. Auch die Beobachter im Beobachtungsraum verdrehten schon die Augen, wenn dieser etwas langatmig erklärte. Unglücklicherweise saß diese Person auch noch neben Frau Schlau. Bei Blickkontakt ist es möglich, diesen abzuwenden. Wenn dies jedoch ab Beginn verhindert wird, fällt diese Lösungsmöglichkeit weg. Aber ganz geschickt nutzte Frau Schlau dann eine Luftholpause, auf die alle gewartet hatten, um einen neuen Themenkomplex anzusprechen und die Person erst einmal ein wenig zu ignorieren.

Bei der zweiten Gruppe gab es noch einen „Themenabschweifer", der von einem Thema in das andere rutschte. Frau Schlau entgegnete ihm ganz charmant, dass ihr diese Ausführung fürs Erste genügten und dass die Gruppe noch zu einem weiteren Thema Stellung nehmen sollte, welches sie jetzt ansprechen möchte.

Die Vorteile der Gruppendiskussion sieht Herr Neugier in der Gruppendynamik und dem resultierenden breiten Meinungsspektrum. Er kann es sich gut vorstellen, Kreativität in die Diskussion einzubauen, beispielsweise eine Collage für eine Werbeanzeige zu kleben, etwas zu zeichnen. Weiterhin sieht er Vorteile in der zeitnahen Auswertung. Der Produktmanager kann sofort nach den Diskussionen weiterarbeiten. Positiv ist ebenfalls, dass die Befragten wie auch bei der persönlich-mündlichen Befragung gesehen und gehört werden.

Die Nachteile, die er in der kurzen Zeit kennengelernt hat, äußert er gegenüber Frau Schlau: „Es besteht eine Ortsabhängigkeit, nicht immer ist ein Studio vorhanden und nicht alle benötigten Teilnehmer sind am Studio-Ort verfügbar. Einige Zielgruppen sind teilweise schwer erreichbar und damit schwer für die Befragungsart zu gewinnen, zum Beispiel Manager der obersten Führungsebenen. Dominante Meinungsbeeinflussung einzelner Teilnehmer ist im Gespräch möglich, dies muss eine kompetente Moderation zu kompensieren versuchen. Sprachbarrieren sind bei Teilnehmern möglich. Und nicht zu vergessen sind die Ergebnisse, die eine oder mehrere Gruppendiskussionen liefern, nur als Trends zu sehen."

Nach Abschluss der beiden Gruppendiskussionen kann der Produktmanager viele Anregungen und Trends mitnehmen, um an ihnen weiter zu arbeiten.

Herr Neugier schreibt in sein Skript:
Die Gruppendiskussion eignet sich
- *am Beginn einer Forschung unter anderem als erweitertes Brainstorming, zur Hypothesenbildung, als Vorstudie vor Hauptstudien oder*
- *zur Erforschung von Motiven beziehungsweise Einstellungen,*
- *zur Ideengenerierung bei Neuproduktideen oder Ideen zur Verbesserung bestehender Produkte.*

Vorteile der Gruppendiskussion:
+ *Gruppendynamik*
+ *gleichzeitiges Meinungsspektrum*
+ *Kreativ-Workshops möglich*
+ *zeitnahe Auswertung*
+ *Sehen und Hören der Befragten*

Nachteile der Gruppendiskussion:
- *nur Trends*
- *Ortsabhängigkeit*
- *Zielgruppe teilweise schlecht erreichbar und schwer für die Diskussion zu gewinnen*
- *dominante Meinungsbeeinflussung möglich*
- *eventuelle Sprachbarrieren bei einzelnen Teilnehmern*

Hilfen bei schwierigen Gesprächspartnern:
- *Der Schweiger: direkt konkrete Situationen oder Beispiele ansprechen und fragen, ob die Meinung geteilt wird*
- *Der Laberer: Blickkontakt abwenden. Nächste Luftholpause nutzen, um neuen Themenkomplex anzusprechen*
- *Der Themenabschweifer: Bedanken für die Ausführungen, die fürs Erste genügen sollen. Zurückführen zum Thema beziehungsweise neues Thema ansprechen*

6.4 Telefonische Befragung

Herr Neugier kann Frau Schlau bei einem weiteren Auftrag assistieren. Ein Produktmanager hat das Grobkonzept für ein neues Buch entworfen, zwei Kapitel fertig gestellt und möchte diese vorab ausgewählten Kunden als Test zur Verfügung stellen. Bietet das Buch in dieser Form einen Nutzen für die Umsetzung in die Praxis? Da schnell zu entscheiden ist, ob das Manuskript in seiner jetzigen Form weitergeführt werden soll oder es eines neuen Konzepts bedarf, schlägt Frau Schlau vor, dieses bei 30 Kunden aus dem Expertenpool abzufragen. Diese sollen vorab über das Vorhaben informiert werden und das Grobkonzept als Ausdruck erhalten. Zwei Wochen sollen die Kunden für die Durchsicht Zeit haben. Danach erfolgt die telefonische Befragung. Um Zeit und Kosten zu sparen, führt die Marktforschungsabteilung die Telefoninterviews selbst durch. Frau Hilfreich und Herr Neugier dürfen telefonieren. Größere Telefonaufträge werden sonst an Feldservices vergeben. Der Fragebogen wird von Frau Schlau entwickelt, mit dem Produktmanager durchgesprochen und umfasst jeweils zur Hälfte offene und geschlossene Fragen. Der Pre-Test ergab zehn Minuten Interviewdauer.

Herr Neugier spricht mit Frau Schlau alle Vorzüge dieser Befragungsmethode durch: „Telefoniert werden kann in Deutschland, sogar in andere Länder. Je nach Anzahl der zur Verfügung stehenden Interviewer kann die Feldzeit kurz gehalten werden. Die Rücklaufquote der Interviews ist vor allem bei den eigenen Kunden sehr zufriedenstellend. Ein klar definiertes Datum für das Feldende liegt vor. Wenn der Interviewpartner zustimmt, ist ein Mithören bei den Interviews durch den Auftraggeber möglich. Der Interviewer selbst kann eventuell auftretende Unklarheiten oder Nachfragen beantworten."

Nun diskutieren sie noch über die Nachteile. Herr Neugier weiß, dass beim telefonischen Fragebogen die Befragungstaktik im Gegensatz zu Leitfäden bei explorativen Interviews eingeschränkt ist und darauf geachtet werden muss, dass besonders einfache, klare, leicht verständliche Fragen und Skalen verwendet werden, da der Befragte nur das aufnehmen kann, was er am Telefon hört. Frau Schlau ergänzt: „An der aktuellen Studie ist sichtbar, dass Materialien, die getestet werden, vorab den Befragten zugesandt werden müssen. Dies kann zu Verzögerungen aufgrund von Postverkehr, Posteingang, Urlaub und dergleichen führen." Herr Neugier will wissen: „Wie hoch ist die Verweigerungsquote, also Interviews, die am Telefon gar nicht zustande kommen?" Frau Schlau antwortet: „Aufgrund meiner Marktforschungserfahrung haben telefonische Befragungen, die außerhalb des Kundenstamms durchgeführt werden, teilweise recht hohe Verweigerungsquoten."

Herr Neugier macht sich folgende Notizen in sein Skript:

Telefonische Befragungen eignen sich insbesondere, um Neuprodukte marktbeziehungsweise kundengerecht zusammenzustellen oder vorhandene Produkte zu verändern und zu verbessern.

Vorteile der telefonischen Befragung:
+ im Gegensatz zu persönlich-mündlichen Interviews preisgünstig
+ räumlich unabhängig
+ im Gegensatz zur schriftlichen Befragung kürzere Feldzeit
+ im Allgemeinen hohe Rücklaufquote
+ definiertes Feldende
+ Interviewer kann Unklarheiten beseitigen
+ „Mithören" in Einzelfällen möglich

Nachteile der telefonischen Befragung:
- Befragungstaktik eingeschränkt
- hohe Verweigerungsquote, außer bei Kundenbefragungen
- Materialien schlecht testbar

6.5 Computergestützte Befragungen

Herr Neugier und Herr Klug fahren heute gemeinsam zu einem Marktforschungsinstitut, welches sich auf computergestützte Befragungen spezialisiert hat. Herr Klug will sich auf den neusten Stand bringen und klären, welche dieser Befragungsarten hilfreich für den Verlag sein könnten. Der Verlag möchte zukünftig auf seinem Messestand die Besucher befragen. Um Berge von Papierfragebögen zu sparen, sollen die Interviews in Form einer computergestützten Befragung durchgeführt werden.

Herr Klug fragt seinen Praktikanten: „Können Sie sich vorstellen, welche Vorteile diese Befragungsformen haben?" Herr Neugier meint: „Wenn die Daten schon im Computer sind, dann müssen sie nicht extra eingegeben werden." „Ja, so ist es", bestätigt Herr Klug, dadurch wird bei der Auswertung Zeit eingespart." Herr Neugier glaubt, dass so eine Technik für den Befragten interessant sein kann. Viele Personen klicken gerne einmal selbst eine Befragung durch. Als weiteres Plus ergänzt Herr Klug die Möglichkeit, Items rotieren zu lassen, so dass nicht immer an erster und weiterer Stelle das gleiche Kriterium steht. So werden Frageeffekte, beispielweise der Halo-Effekt oder ein bestimmtes Antwortverhalten des Ausfüllers nach einigen Kriterien minimiert oder gar ausgeschlossen.

Nachteilig kann gesehen werden, dass die Befragten dazu neigen könnten, die Antworten abzukürzen. Der Fragebogen muss in die Programmiersprache übersetzt und in das jeweilige Gerät eingespielt werden. Dazu ist es nötig, den Fragebogen nochmals auf Richtigkeit zu prüfen. Nicht in jeder vom Computer unterstützten Befragungsform können Produkte originalgetreu dargestellt werden.

Angekommen im Institut werden ihnen vom dortigen Projektleiter die verschiedenen Befragungsarten vorgestellt:

1. CAPI – Computer Assisted Personal Interviewing: Der Interviewer gibt die Antworten des Befragten direkt in ein Computerprogramm ein. Der Befragte sitzt dem Interviewer dabei gegenüber.

2. CASI – Computer Assisted selfadministered Interviewing: Der Befragte kann seine Antworten selbst in ein Computerprogramm eingeben. Beispielsweise an Befragungsterminals.

3. CATI – Computer Assisted Telephone Interviewing: Der Befragte erkennt keinen Unterschied zur herkömmlichen telefonischen Befragung. Der Interviewer gibt die Antworten während des Interviews direkt in ein Computerprogramm ein.

4. CAMI – Computer Assisted Mobile Interviewing: Die Interviewer erhalten ihre Fragebögen auf einem Computer zum Mitnehmen, beispielsweise auf einem Laptop. Die Antworten der Befragten gibt dieser in das Gerät ein. Der Befragte kann ihm dabei über die Schulter schauen. Der Interviewer kann das Gerät überall hin mitnehmen, zum Beispiel auf die Straße.

5. CAWI – Computer Assisted Web Interviewing: Der Fragebogen erscheint im Internet und der Befragte wird per E-Mail dafür rekrutiert. Der Befragte kann den Fragebogen online beantworten.

6. CATI² – paralleler Einsatz von CATI und CAWI: Der Befragte wird vom Interviewer angerufen und beide gehen ins Web zum Fragebogen. Der Interviewer dient dem Befragten dann als telefonische Hilfestellung, wenn er benötigt wird.

Herr Klug und Herr Neugier hören sich alles aufmerksam an. Für die Zwecke des Verlags bleiben CASI und CAMI übrig. Sie erkundigen sich, mit welchen Kosten bei diesen Methoden zu rechnen ist und beschließen, Herrn Bossig darüber zu informieren.

Herr Neugier listet in seinem Skript die verschiedenen Methoden auf:
- *CAPI = Computer Assisted Personal Interviewing*
- *CASI = Computer Assisted Selfadministered Interviewing*
- *CATI = Computer Assisted Telephone Interviewing*
- *CAMI = Computer Assisted Mobile Interviewing*
- *CAWI = Computer Assisted Web Interviewing*
- *CATI² = paralleler Einsatz von CATI und CAWI*

Vorteile der computergestützten Befragung:
+ *Zeitersparnis durch Wegfall der Dateneingabe*
+ *Rotation von Itembatterien (Einzelabfragen) möglich*
+ *Technik für Befragte interessant*

Nachteile der computergestützten Befragung:
- *eventuell Neigung zu abgekürzten Antworten*
- *Fragebogenübersetzung bedarf nochmaliger Überprüfung*
- *Einschränkung bei Visualisierung von Produkten*

6.6 Panel-Befragung

„Jetzt habe ich schon viele verschiedene Erhebungsmöglichkeiten der Marktforschung kennengelernt. Sicherlich gibt es noch weitaus mehr Erhebungsmöglichkeiten. Ich könnte mir auch Kombinationen einzelner Erhebungsmöglichkeiten der Marktforschung vorstellen. Und gelesen habe ich, dass sogenannte Panels wichtige Datenquellen des Marketings sind", geht es Herrn Neugier durch den Kopf. „Ich denke, ich gehe mal zu Frau Schlau, vielleicht hat sie Zeit für mich und kann mich über Panel-Befragungen informieren."
„Frau Schlau, haben Sie Zeit, mir Panel-Befragungen zu erklären?" fragt Herr Neugier Frau Schlau.

„Nun", so Frau Schlau, „ein Panel ist eine Erhebung, die wiederholt in regelmäßigen Abständen, zum gleichen Zeitpunkt mit der gleichen Teilauswahl von Testpersonen zu einem Untersuchungsgegenstand durchgeführt wird.

Zum Beispiel werden die artikelspezifischen Abverkäufe und die Reaktionen der Konsumenten auf Werbemaßnahmen beim sogenannten Handelspanel erfasst. Paneldaten sind eine Kombination aus Querschnitts- und Längsschnitts-Daten und enthalten damit eine auf einen Stichtag bezogene Dimension sowie eine auf einen Zeitverlauf bezogene Dimension. Es lassen sich zeitlich ablaufende Entwicklungen als auch Gegebenheiten zu einem Zeitpunkt bei den Panelteilnehmern erfassen. Denken Sie bitte mal an eine Testperson, deren Einkaufsverhalten – die jeweiligen artikelspezifischen Käufe – über mehrere Jahre erhoben werden. Eine solche Testperson des Panels war zum Beispiel einmal junge Mutter mit einem Baby und später Mutter mit einem Kleinkind. Ich denke, wenn Sie sich das vor Augen führen, was in dieser Zeitspanne alles passiert ist, dann können Sie sich vorstellen, was alles ein entsprechender Mütter-Panel an Informationen im Zeitablauf liefern kann."

Frau Schlau fährt fort: „Panel-Teilnehmer können einzelne Privatpersonen sein. Es entsteht dann ein Verbraucherpanel oder auch Individualpanel. Panel-Teilnehmer können aber auch ganze Privathaushalte sein, die in einem Haushaltspanel zusammengefasst werden. Das Verhalten – zum Beispiel das regelmäßige Nutzen von Verlagsprodukten – der Privatpersonen ist bei diesen Panels von Interesse. Ein Handelspanel hingegen besteht aus Einzelhandels- oder Großhandelsgeschäften und nicht aus Privatpersonen. Hier können zum Beispiel Warenströme der Handelsgesellschaften im Zeitablauf erfasst werden.

Beim sogenannten Single-Source-Ansatz der Panelforschung wird beispielsweise versucht, möglichst viele interessierende, zusammenhängende Ereignisse bei den Teilnehmern eines Panels zu erfassen und ein umfassendes Konsumentenverhalten aus „einer Hand" darzustellen. Einzelne Ereignisse werden nicht separat bei verschiedenen Datenquellen untersucht, sondern die einzelnen Ereignisse zusammen werden bei einer Datenquelle untersucht. Beispielsweise soll die Mediennutzung und das Einkaufsverhalten der Panel-Teilnehmer integriert erfasst werden. So könnten innerhalb eines regional begrenzten, speziell charakterisierten Testmarktes Werbemaßnahmen stattfinden, die von involvierten Panelteilnehmern registriert werden und die bei diesen Teilnehmern Kaufaktionen auslösen können. Die Reaktionen auf die Werbemaßnahmen und die dadurch tatsächlich ausgelösten Einkäufe können bei den Panelteilnehmern erfasst werden.

Abverkaufsdaten werden zum Beispiel durch sogenannte Scanningverfahren, wie POS- oder Inhome-Scanningverfahren, erfasst. Mit Hilfe von Scannern werden entweder gleich am Einkaufsort, dem sogenannten Point-Of-Sale (= POS), oder aber Inhome – also zuhause – die Käufe erfasst. Hinzu kommen ergänzende, umfangreiche Berichterstattungen zu den Einkäufen durch die Panel-Teilnehmer. Doch genauso zahlreich wie die Untersuchungsgegenstände der Panels, können auch die Techniken sein, die zur Datenerfassung eingesetzt werden (Fragebogen, Protokolle und Ähnliches).

Über Panels lassen sich unter anderem Informationen zur Marktposition, zu Trendentwicklungen, Wirkung von Marketingaktionen, zur Marktdurchdringung von Produkten und Dienstleistungen und zur Wiederkaufrate gewinnen", erklärt Frau Schlau weiter.

„Die Verweigerungsrate – der Teilnehmer macht keine Angaben – und die sogenannte Panelsterblichkeit – Testperson scheidet aus Panel aus – können die beabsichtigten Längsschnittbetrachtungen nachhaltig beeinträchtigen. Beeinträchtigungen der Daten entstehen auch durch Gewöhnungs- und Lerneffekte der Panel-Teilnehmer, da diese deren Antwortverhalten beeinflussen. Panel-Teilnehmer antworten dann nicht mehr natürlich, spontan und unvorbereitet. Weitere Nachteile eines Panels sind das sogenannte Overreporting. Der Kauf wird dabei vorgetäuscht, wenn ein Produkt schon länger nicht mehr gekauft wurde. Außerdem ist die Alterung des Panels eine Herausforderung. Im Haushaltspanel kann die Altersstruktur der Panelteilnehmer sich stark verzerren. Im Handelspanel kann sich die permanente Veränderung der Handelsstruktur – zum Beispiel das Verschwinden kleiner Geschäfte – ungünstig auswirken. Das sind typische Panel-Effekte, denen die Marktforscher durch eine intensive, allerdings auch kostenintensive, Betreuung und Pflege des Panels entgegen wirken möchten."

Herr Neugier notiert wieder in sein Skript:
Panel-Erhebungen werden
- *wiederholt in regelmäßigen Abständen,*
- *zu einem bestimmten Zeitpunkt,*
- *mit der gleichen Teilauswahl von Testpersonen,*
- *zu einem Untersuchungsgegenstand durchgeführt.*

Paneldaten sind eine Kombination aus Querschnitts- und Längsschnitts-Daten.

Panel-Teilnehmer können einzelne Personen sein (Verbraucherpanel oder Individualpanel).

Panel-Teilnehmer können auch ganze Haushalte sein (Haushaltspanel).

Ein Handelspanel besteht aus Einzelhandelsgeschäften oder Großhandelsgeschäften.

Über Panels lassen sich beispielsweise Informationen:
- *zur Marktposition,*
- *zu Trendentwicklungen,*
- *zur Wirkung von Marketingaktionen,*
- *zur Marktdurchdringung von Produkten und Dienstleistungen*
- *und zur Wiederkaufrate*

gewinnen.

Verweigerungsrate, Panelsterblichkeit, Overreporting, Alterung des Panels, Gewöhnungs- und Lerneffekte der Panel-Teilnehmer beeinträchtigen die Ergebnisse.

6.7 Beobachtung

Neue Anzeigenmotive sollen im Verlag getestet werden. Das Marketing interessiert sich dafür, ob die Anzeigen aufmerksamkeitsstark sind, was der Betrachter alles in den Anzeigen sieht und welche Emotionen die Anzeigen auslösen.

Herr Bossig geht diese Interessengebiete des Marketings zusammen mit Herrn Neugier an. „Dafür müssen andere Methoden der Forschung eingesetzt werden", weiß Herr Bossig.

„Es geht in diesem Zusammenhang um schnell ablaufende, oft unbewusste Wahrnehmungs- und Informationsverarbeitungsprozesse des Menschen. Manche Eindrücke, Erlebnisse und Emotionen können von den Menschen nicht ausformuliert werden und bleiben daher in Befragungen verschlossen und nicht exakt erfassbar."

„Haben Sie bereits etwas über Beobachtungsverfahren erfahren, Herr Neugier?" fragt Herr Bossig.

Herr Neugier kennt zwar Befragungen, aber Beobachtungen in der Marktforschung kennt er noch nicht. „Nein", antwortet Herr Neugier, „Beobachtungen sind mir bislang noch unbekannt."

„Als Beobachtungsmethoden der Forschung", führt Herr Bossig aus, „können die folgenden Verfahren gelten. Schauen Sie mal auf diese Abbildung hier":

„Je nach Problem- beziehungsweise Aufgabenstellung und Zielsetzung kommt eine bestimmte Methode zum Einsatz. Für die Auswahl der problemadäquaten Methode sind die beschriebenen Gütekriterien sowie Plausibilitätsüberlegungen wie zum Beispiel Tauglichkeit der Methode, deren Anwendbarkeit, Einflüsse auf die Messung und die Messbedingung heranzuziehen."

„Beispiele für Beobachtungen mit Apparaturen zeige ich Ihnen hier auf diesen Abbildungen":

```
                    Beobachtung
                    mit/ohne
                    Apparatur
    ┌──────────────────┼──────────────────┐
 teilnehmend      nicht- teilnehmend   teilnehmend/nicht-
 (offline)        (offline)            teilnehmend
                                       (online)
                   ┌──────┴──────┐
              neurophysiologisch  nicht-
                                  neurophysiologisch
```

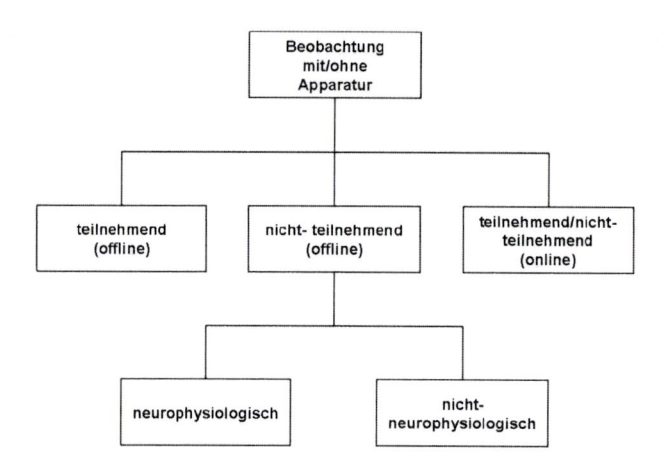

Abbildung 16: Beobachtung

„Je nach Problem- beziehungsweise Aufgabenstellung und Zielsetzung kommt eine bestimmte Methode zum Einsatz. Für die Auswahl der problemadäquaten Methode sind die beschriebenen Gütekriterien sowie Plausibilitätsüberlegungen wie zum Beispiel Tauglichkeit der Methode, deren Anwendbarkeit, Einflüsse auf die Messung und die Messbedingung heranzuziehen."

„Beispiele für Beobachtungen mit Apparaturen zeige ich Ihnen hier auf diesen Abbildungen":

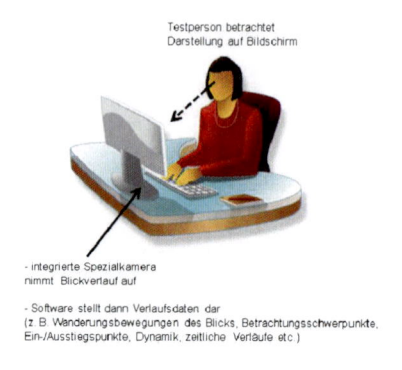

Testperson betrachtet
Darstellung auf Bildschirm

- integrierte Spezialkamera
nimmt Blickverlauf auf

- Software stellt dann Verlaufsdaten dar
(z. B. Wanderungsbewegungen des Blicks, Betrachtungsschwerpunkte,
Ein-/Ausstiegspunkte, Dynamik, zeitliche Verläufe etc.)

Abbildung 17: Blickverlaufsstudien mit einer Augenkamera

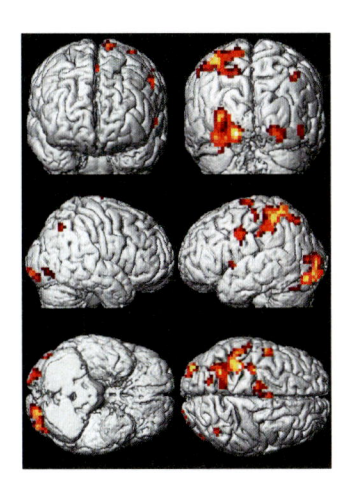

Abbildung 18: Neurophysiologische Studien mit dem Kernspintomografen

„Beobachtungen mit Apparaturen sind aber auch Verfahren mit der Videokamera."

„Beobachtungen ohne Apparaturen sind zum Beispiel:
- Beobachtung des Einkaufsverhaltens der Konsumenten im Supermarkt durch den Forscher ohne ein technisches Gerät,
- Beobachtung des Serviceverhaltens der Mitarbeiter eines Call-Centers durch den Forscher, ohne dass ein technisches Gerät eingesetzt wird und
- Beobachtung der Reaktionen der Konsumenten auf eine Werbesendung anhand von Bestellungen, Beschwerden oder Ähnlichem."
- Bei einer streng teilnehmenden Beobachtung sind Forscher und Testperson während des Tests aktiv zusammen."

„Doch bedenken Sie, Herr Neugier, eine systematische, strukturierte und wissenschaftliche Datenerhebung mit Hilfe der Beobachtungsverfahren ist nicht trivial. Der Aufwand der Datenauswertung darf nicht unterschätzt werden. Generell lassen sich auch Beobachtungsmethoden untereinander und/oder mit anderen Forschungs-Methoden zur Forschungsoptimierung kombinieren. Durch die Kombination von Beobachtung und Befragung erhält der Forscher auch Informationen über das „Weshalb" eines Verhaltens. Ein Beispiel für eine Online-Beobachtung wäre die Betrachtung des Clickstream-Verhaltens von Testpersonen. Dabei wird beobachtet, welche Internetseiten eine Testperson wann und wie aufgesucht hat", berichtet Herr Bossig weiter.

„Ziel neurophysiologischer Untersuchungen (Hirnforschung) ist, die internen Informationsverarbeitungsprozesse einer Testperson zu beobachten – also die schnellen, unbewussten Wahrnehmungs-Prozesse einer Testperson während der Rezeption zu verfolgen. Befragungen können diese Datenerfassung nur relativ unzulänglich leisten."

Herr Neugier erweitert sein Skript um ein paar zentrale Dinge:

Es gibt Beobachtungen mit und ohne Apparatur.

Bei einer streng teilnehmenden Beobachtung sind Forscher und Testperson während des Tests aktiv zusammen.

Mit neurophysiologischer Untersuchungen (Hirnforschung) möchte man die internen Informationsverarbeitungsprozesse einer Testperson beobachten. Befragungen können diese Datenerfassung nur relativ unzulänglich leisten.

6.8 Experiment

„Ach Herr Neugier, ich müsste Ihnen ja auch noch erklären, was Experimente der Marktforschung sind. Ich muss jedoch gleich telefonieren und möchte Ihnen daher diese Beschreibung von Frau Schlau zum Lesen geben. Bitte studieren Sie sie." Herr Bossig überreicht Herrn Neugier folgende kurze Notiz von Frau Schlau:

Experimente sind empirische Überprüfungen von Kausalhypothesen. Um derartige Hypothesen auf ihre Gültigkeit hin zu prüfen, greift der Forscher aktiv in die Untersuchung ein und variiert systematisch die mutmaßlich verursachende Variable X. Änderungen der mutmaßlich abhängigen Variablen Y werden daraufhin gemessen. Die Analyse der Resultate soll zur Bestätigung oder Verwerfung der Hypothese führen.

Man kann Labor- und Feldexperimente (Testmärkte) unterscheiden. Die Kontrolle der Untersuchungs- und Umfeldvariablen ist nicht trivial und kann das Vorhaben behindern und zu Störungen führen (Zufallskomponenten/-einflüsse).

Für die Durchführung der Experimente ist der Einsatz einer Experiment- (wird aktiv im Hinblick auf die interessierenden Variablen „manipuliert") und Kontrollgruppe (wird nicht aktiv „manipuliert") zu empfehlen.

Neben der internen Validität („Untersuchungsergebnisse sind in sich/innerhalb des Experiments schlüssig") wird bei Experimenten auch die externe Validität der Untersuchung betrachtet („Resultate sind auf die Realität übertragbar"). Die Qualität der Untersuchung wird insgesamt gesteigert, wenn die Untersuchungseinheiten nach dem Zufallsprinzip auf die Experiment- und Kontrollgruppe verteilt werden.

Herr Neugier notiert sich wieder Wesentliches in sein Skript:
Experimente sind empirische Überprüfungen von Kausalhypothesen.
Um Kausalhypothesen auf ihre Gültigkeit hin zu prüfen, greift der Forscher aktiv in die Untersuchung ein und variiert systematisch die mutmaßlich verursachende Variable X. Die Änderungen der mutmaßlich abhängigen Variablen Y werden daraufhin gemessen.

6.9 Online-Befragung

Frau Schlau ist zurück von einem regionalen Marktforschungs-Meeting. In der Abteilungsbesprechung berichtet sie über einige Möglichkeiten der Online-Marktforschung, deren Einsatz für den Verlag sich als sinnvoll erweisen könnte.

Als Befragungsarten sind zum Beispiel Online-Fragebögen und Online-Focus-Groups möglich. Alle anderen im regionalen Marktforschungs-Meeting vorgestellten Befragungsarten passen nicht zum Verlag, findet Frau Schlau, weshalb sie darüber auch nicht berichten werde.

Herr Neugier will sich gleich alles notieren, da ihm dazu bisher das Hintergrundwissen fehlt.

Frau Schlau beginnt zuerst mit dem Online-Fragebogen. Dabei geht die Befragungsperson auf die entsprechende Website oder erhält den Fragebogen mittels eines Links oder Pop-up-Fensters und füllt online den bereitgestellten Fragebogen aus. Hier ist es wichtig, einige Hinweise zu beachten:

Da die Lesegeschwindigkeit auf dem Bildschirm im Verhältnis zum Papier um 25% geringer ist, müssen die Fragen sehr kurz und prägnant gestellt sein. Ein übersichtliches Layout des Textes muss in Übereinstimmung mit dem Untersuchungsziel stehen, es ist darauf zu achten, dass der Text kleiner als die Bildschirmbreite ist, die Bildschirmschrift (Font) für den Fragetext ausreichend groß ist und dass der Fragetext unter Umständen durch Hervorhebungen gekennzeichnet wird. Es soll nur eine Frage pro Seite/Page gestellt werden. Um ein sogenanntes „Ausfall-Muss" zu vermeiden, ist bei jeder Frage die Kategorie „keine Angabe" vorzusehen. Die Länge des Fragebogens beschränkt sich idealerweise auf höchstens zehn Fragen. Durch die Darstellung der Verlaufsdauer kann die Befragungsperson erkennen, wie viele Fragen noch zu beantworten sind. Sie sieht den Verlaufsfortschritt. Bei den Incentives hat es sich gezeigt, dass Punkte, die anschließend ausgezahlt werden können, oder Gewinnspiele die Teilnahmebereitschaft am stärksten fördern. Die technischen Voraussetzungen haben sich am unteren Niveau der Möglichkeiten in der Zielgruppe zu orientieren. Dies betrifft unter anderem den Einsatz von Grafiken, die Ladezeiten, die Bildschirmgröße und -auflösung. Die Befragungsperson soll mit wenig Aufwand die zentrale Mitteilung erfassen. Dafür sind Bedienungsaspekte zu beachten, beispielsweise weitgehender Verzicht des Scrollens und wenig Wechsel zwischen Tastatur- und Mausbedienung.

Der Online-Fragebogen bietet einige Vorzüge. Die Befragung ist kostengünstig, da Druck-, Versand-, und Interviewerkosten entfallen, lediglich die Programmierkosten fallen an.

Es existieren keine geografischen Beschränkungen. Eine kurzfristige Abwicklung ist möglich, da der Fragebogen schnell programmiert werden kann und anschließend online gestellt wird. Die Items können innerhalb einer Fragestellung ebenso wie bei der computergestützten Befragung rotiert werden. Der Befragte kann selbst wählen, wann er den Fragebogen ausfüllt und wird nicht von einem Interviewer beeinflusst. Im Gegensatz zu anderen Befragungsarten ist es möglich, die Auswertung im Anschluss an die Befragung einzusehen. Dies gilt für alle Fragen, die der Auftraggeber zulässt. Der Befragte sieht dabei immer nur den aktuellen Stand der Befragung. Im Unterschied zur klassischen schriftlichen Befragung ist es möglich, interaktive und audiovisuelle Elemente in die Online-Befragung einzubinden.

Dagegen stehen einige Nachteile: eine Repräsentativität besteht für die Online-Marktforschung allgemein nur für die Online-Population. Wie bei vielen anderen Befragungsarten auch, ist die Online-Befragung nicht für alle Themen geeignet, zum Beispiel nicht für Tiefeninterviews. Eine Rekrutierung der Befragten ist nicht ausschließlich über das Web und über E-Mail möglich. Deswegen muss zusätzlich telefonisch rekrutiert werden. Immer noch sind die Möglichkeiten begrenzt, Mehrfachausfüller herauszufiltern. Und es ist den Befragten jederzeit möglich, aus der Befragung auszusteigen.

Herr Neugier, Frau Schlau, Herr Klug und Frau Hilfreich sind dennoch interessiert und beschließen, diese Form der Befragung einmal parallel zur herkömmlichen schriftlichen Befragung auszuprobieren, um dann zwischen beiden Verfahren vergleichen zu können.

Herr Neugier schreibt sich zur besseren Übersicht aus seinem Mitschrieb die wichtigsten Fakten heraus:

Vorteile des Online-Fragebogens:

+ *kostengünstig*
+ *keine geografischen Beschränkungen*
+ *schnelle Durchführung*
+ *Rotation von Items möglich*

+ *Ausfüllzeit frei wählbar*
+ *kein Interviewereinfluss*
+ *Einsicht der Auswertung nach Ausfüllen möglich*
+ *Einbindung von interaktiven und audiovisuellen Elementen möglich*

Nachteile des Online-Fragebogens:
- *repräsentativ nur für Online-Population*
- *nicht für alle Themen geeignet*
- *Rekrutierung nicht ausschließlich über Internet oder E-Mail möglich*
- *schwierig, Mehrfachausfüller zu eliminieren*
- *Befragter kann jederzeit aus Befragung aussteigen*

6.10 Online-Focus-Group

Die zweite Art der Online-Befragung stellt Frau Schlau als nächstes vor: Die Online-Focus-Group.

Es gibt verschiedene Formen, die synchrone und die asynchrone Form der Online-Focus-Group. Frau Schlau berichtet von der synchronen Form. Dafür existiert in einer webbasierten Programmumgebung ein textbasierter Chat, in dem die Teilnehmer mit dem Moderator und untereinander sichtbar kommunizieren können. Der Moderator führt die Diskussion, der Auftraggeber hat die Möglichkeit, sich in die Diskussion einzuschalten, ohne dass die Teilnehmer es merken.

Um die ideale Zahl von sechs bis sieben Teilnehmern zu erreichen, sollten zehn bis 15 Zielpersonen rekrutiert werden. Bei Experten sind sogar schon fünf bis sechs Teilnehmer ausreichend, da mit längeren Beiträgen zu rechnen ist.

Die Besonderheiten der Online-Focus-Group liegen darin, dass diese im Internet durchgeführt wird. Die Kommunikation erfolgt schriftlich und interaktiv sowie synchron, das heißt, alle Teilnehmer schreiben gleichzeitig. Im Gegensatz zur klassischen Gruppendiskussion ist keine regionale Nähe erforderlich, die Anmietung eines Studios entfällt. Frau Schlau weiß von guten Erfahrungen bei schwer erreichbaren Zielgruppen, beispielsweise Ärzten und Personen aus dem Top-Management, oder bei sehr heiklen Themen, bei denen die Intimsphäre der eigenen Person gewahrt werden soll, beispielsweise Tabuthemen aus dem Gesundheitsbereich.

Diese synchrone Form der Online-Focus-Group bietet einige Vorteile. Für den Teilnehmer herrscht die komplette Anonymität. Dies führt zu offeneren, ehrlicheren Antworten und Auskünften. Aufgrund der Unabhängigkeit von Raum und Zeit ist eine starke regionale Streuung der Teilnehmer möglich, die Durchführung ist unabhängig von Studios beziehungsweise deren Testorten und spart folglich Kosten. Die Kommunikation mit dem Auftraggeber ist deutlich optimiert, da er über ein eigenes Textfeld in der Moderatoransicht verfügt. Für die Testpersonen ist die Teilnahme in ihrer häuslichen Umgebung bequemer, auch sind sprachlich eher scheuere Personen hierdurch offener für diese Befragungsart. Letztendlich ist die Abwicklung der Online-Focus-Group im Gegensatz zur klassischen Gruppendiskussion insgesamt schneller, da unter anderem das Transkript nach Ende sofort ausgedruckt werden kann und dies zu einer Verkürzung der Auswertungszeit führt.

Die Nachteile der synchronen Online-Focus-Group fasst Frau Schlau zusammen: „Die Anonymität der Teilnehmer, das heißt, sie werden weder gesehen noch gehört, verringert den Eindruck von der Zielgruppe, und macht es für alle schwieriger zur Gruppe zusammenzufinden. Die fehlende Körpersprache reduziert den Informationsfluss für den Moderator. Er hat damit keine Möglichkeit, die Diskussion non-verbal zu steuern. Störfaktoren von außen bei den Teilnehmern sind weder sichtbar noch kontrollierbar. Ein großer Nachteil ist der eingeschränkte Umgang mit Regeln, da die Disziplin und Autorität durch verringerte soziale Kontakte leidet. Dies führt oftmals zu spontanen Absagen und vorzeitigem Verlassen der Diskussion."

Frau Schlau beschreibt als Nächstes die verschiedenen Diskussionstypen: „Da gibt es den sachlich orientierten Teilnehmer, der an der Diskussion teilnimmt, um sich inhaltlich mit den anderen Teilnehmern zum Thema auszutauschen und der sich an die Diskussionsregeln hält.

Es gibt ferner den Diskussionserfahrenen, der aufgrund vorheriger Teilnahmen mit Sprachstil und Umgangsformen solcher Runden vertraut ist. Es besteht die Möglichkeit, dass dieser versucht, eine lockere Atmosphäre zu schaffen oder in die Rolle des Komikers schlüpft."

Natürlich konnten im Marktforschungsmeeting einige Tipps aufgrund der Erfahrung anderer Marktforschungskollegen zusammengetragen werden. Diese notiert Frau Schlau auf ein Flipchart:

Die Teilnehmer sollten gleiches Chat-Know-how haben, welches sich über den Rekrutierungsfragebogen testen lässt. Eine zusätzliche Assistentin als Unterstützung für die schriftlichen Aufgaben des Moderators und zum Mitlesen ist eine große Hilfe. Die Fragen sollten teilweise schon vorbereitet sein, sodass diese nur noch eingespielt werden müssen, um Zeit zu sparen. Der technische Support während der Online-Focus-Group muss sichergestellt sein. Es empfiehlt sich, einen Probe-Chat, eventuell als Einzeltermin bei den Teilnehmern abzuhalten, damit jeder vorab mit der Umgebung vertraut wird und weiß, wie er sich bei technischen Problemen verhalten soll. Zugleich kann zeitnah an den tatsächlichen Termin erinnert werden. Der Moderator sollte eine hohe Internetaffinität besitzen und fit in der Sprache des Internet sein, dazu gehören Emoticons und Abkürzungen.

Frau Schlau schlägt vor: „Führen wir doch einmal eine Online-Focus-Group innerhalb der Abteilung selbst durch, um einen Einblick in die veränderten Positionen von Moderator und Teilnehmer zu bekommen." Dazu hat sie Namen von Anbietern mitgebracht, um eine Online-Focus-Group zur Probe zu starten und gleichzeitig die Software zu testen. Herr Bossig und die Kollegen finden das eine gute Idee und Herr Neugier wünscht sich, dass dies noch vor seinem Ausscheiden als Praktikant stattfinden wird.

Herr Neugier bereitet sein Skript wie folgt auf:

Synchrone Online-Focus-Group:

- *ideale Teilnehmerzahl: sechs bis sieben,*
- *Kommunikationsform: schriftlich/interaktiv/synchron,*
- *regional unabhängig, Studioanmietung entfällt*
- *besonders geeignet bei schwierigen Zielgruppen und heiklen Themen.*

Vorteile der Online-Focus-Group:

+ *Anonymität für die Teilnehmer*
+ *unabhängig von Raum und Zeit*
+ *optimierte Kommunikation mit Auftraggeber*
+ *höhere Teilnahmebereitschaft*
+ *schnellere Abwicklung*

Nachteile der Online-Focus-Group:

- *Anonymität der Teilnehmer*
- *keine Körpersprache*
- *Störfaktoren für Moderator unbekannt*
- *reduzierter Umgang mit Regeln*

Diskussionstypen:

- *sachlich orientierte Teilnehmer*
- *Diskussionserfahrene*

6.11 Online-Access-Panels

Ähnlich wie bei den klassischen Panels bestehen Online-Access-Panels aus einer bestimmten Anzahl von Personen, die sich bereit erklärt haben, bei Online-Befragungen mitzumachen und sich dafür haben registrieren lassen.

Frau Schlau berichtet, dass es mehrere Möglichkeiten gibt, diese sogenannten Panelisten zu rekrutieren: „Erstens „aktiv offline", was bedeutet, dass im Anschluss an eine der klassischen Befragungsformen wie Gruppendiskussionen, telefonische und persönlich-mündliche Befragungspersonen nach ihrer Bereitschaft zur Teilnahme an einem Online-Access-Panel gefragt werden und bei Interesse eine Aufnahme in das Panel erfolgt. Der zweite Weg nennt sich „aktiv online", das heißt, dass über Online-Befragungsmethoden versucht wird, Panelisten zu gewinnen. Die dritte Form der Anwerbung heißt „passiv online". Interessenten für ein Online-Access-Panel bewerben sich selbst bei diversen Anbietern für Online-Access-Panels. Und zuletzt „passiv monetär", das meint, dass die Rekrutierung über andere Online-Access-Panels erfolgt. Wird eine bestimmte Anzahl von Panelisten für ein Online-Access-Panel benötigt, so werden aus diesem großen Kreis die passenden Teilnehmer rekrutiert und zur Online-Befragung eingeladen. Um die Teilnahmebereitschaft zu erhöhen, erhält jeder Panellist nach der Online-Befragung ein Incentive. Es hat sich gezeigt, dass Verlosungen, Bonuspunkte und dergleichen am meisten geschätzt werden."

Die Abteilung diskutiert, ob und wie die Rekrutierung bei Kunden des Verlags statt finden könnte. Sicherlich können einige Kunden, die viele Produkte des Verlags besitzen, dafür gewonnen werden, nur ob diese Anzahl ausreichend für einen Befragungspool sein wird, darüber sind sich nicht alle einig und die Diskussion wird auf Wunsch von Herrn Bossig vertagt.

Beim Marktforschungs-Meeting wurde darauf hingewiesen, dass ein Panelist an maximal zwölf Umfragen pro Jahr teilnehmen sollte und für die jeweilige Umfrage mindestens drei Tage bis maximal eine Woche als Feldzeit ideal sei.

Frau Schlau erwähnt im Anschluss daran Probleme, die bei Online-Access-Panels auftreten können: „Es kann zu Lerneffekten bei den Befragten kommen, das heißt, dass Panelisten, die viel Erfahrung mit Online-Befragungen haben, versuchen, bei der Rekrutierung ihre Antworten so zu wählen, dass sie sich für die Zielgruppe qualifizieren. Das führt zu einer unerwünschten Ergebnisverzerrung. Da es eine große Auswahl verschiedenster Online-Panels gibt, ist die Bereitschaft, für einen längeren Zeitraum beim gleichen Online-Access-Panel zu bleiben, vom Nutzen für die Teilnehmer abhängig. Andernfalls ist die Wechselbereitschaft hoch, es wird von der sogenannten „Panelsterblichkeit" gesprochen. Der Wettbewerb um die Panelisten aufgrund der hohen Anzahl an Online-Access-Panels bringt es mit sich, dass die Kosten für Testpersonengeschenke ansteigen und die Rekrutierung neuen Herausforderungen unterliegt. Hinzu kommt, dass sich in der fast täglich ändernden Online-Lebenswelt die Rahmenbedingungen laufend ändern und dies für eine konstante Panelstruktur sehr schwierig umzusetzen ist.

Die Universität Regensburg hat inzwischen ein biometrisches Identifikationsverfahren entwickelt, das den Befragten anhand seines Tippverhaltens erkennt. Mithilfe der Analyse der Merkmale im Tippverhalten ist es möglich, eine Person zu identifizieren", berichtet Frau Schlau (Irmer, Ch. und Wachter, B.: Zeig mir wie du tippst und ich sag dir, wer du bist in: planung & analyse, Frankfurt am Main, 1/2008, Seite 20).

Herr Neugier ergänzt sein Skript:

Rekrutierungsformen bei Online-Access-Panels:
- *aktiv offline*
- *aktiv online*
- *passiv online*
- *passiv monetär*

Mögliche Probleme bei Online-Access-Panels:
- *Lerneffekte bei den Befragten*
- *Panelsterblichkeit*
- *Incentivekosten steigen*
- *sich ständig ändernde Online-Lebenswelt*

6.12 Online-Beobachtung

Frau Schlau erzählt von einer weiteren Form der Beobachtung: „Mittels Log-File-Analysen können die sogenannten Clickstreams der User analysiert werden. Dafür werden spezielle Computerauswertungsprogramme genutzt. Unter anderem kann die Verweildauer auf den Webseiten ausgewertet werden, damit ist gemeint, wie lange der User auf den einzelnen Pages war. Weiterhin ist es möglich herauszufinden, auf welcher Page der Besucher war und wann er die Homepage verlässt. Die Reihenfolge, welche Pages vom User auf der Homepage betrachtet wurden, können ebenfalls ausgewertet werden."

Herr Bossig ergänzt: „Solche Analysen werden bereits von der IT-Abteilung gemacht und an die jeweiligen Fachabteilungen weitergeleitet."

Herr Bossig bedankt sich bei Frau Schlau für die umfassende Berichterstattung. Die Abteilung vereinbart, dass sich alle Gedanken machen sollen, ob und in welcher Form das bisherige Feld der Marktforschung an klassischen Methoden durch Online-Methoden ergänzt werden soll. Herr Bossig beendet damit die Abteilungsbesprechung.

Auch hier schreibt sich Herr Neugier die wichtigsten Punkte in sein Skript:

Log-File-Analysen analysieren Clickstreams der User.

Mögliche Auswertungen sind:
Verweildauer, Page-Reihenfolge, Page-Ausstieg.

7. Ausgewählte Befragungsarten im Unternehmen

7.1 Imagebefragung

Im Laufe des Morgens werden die Ergebnisse der Imagebefragung präsentiert. Hierzu sind alle Leitungspersönlichkeiten des Verlags eingeladen. Die Marktforschungsabteilung ist komplett vertreten und fungiert im Vorfeld als Ansprechpartner und Koordinator. Vor drei Jahren fand erstmalig eine Präsentation zu diesem Thema statt. Sie diente dazu, den Ist-Zustand, den der Verlag in seinem Wettbewerbsumfeld hat, zu ermitteln und kennen zu lernen. Alle sind gespannt auf die Ergebnisse, die das externe Marktforschungsinstitut heute vorstellen wird.

Herr Neugier kramt in seinem Gedächtnis: was versteht man noch mal unter Image? „Images sind Anmutungsqualitäten von Meinungsgegenständen. Sie dienen dazu, Markterfolge, die nicht aus objektiven Faktoren resultieren können, zu erklären. Als Image werden oft auch mehrdimensionale Einstellungen bezeichnet. Sie finden ausschließlich auf der Wahrnehmungsebene statt und sind von der Realebene mehr oder minder losgelöst. Dennoch entstehen Images immer aus Wahrnehmungen der Realität, sind also nicht frei generierbar, sondern Folge von Angebotseindrücken." (Pepels, Werner: Lexikon der Marktforschung, München, 1997, Seite 124).

Die Imagebefragung dient unter anderem dazu, Merkmale des Verlags herauszuarbeiten, wie der Verlag von außen gesehen wird – auch in Bezug auf die Konkurrenzverlage. Bei welchen Kriterien hebt sich der eigene Verlag gegenüber den Wettbewerbern ab, welche Stärken haben die Wettbewerber gegenüber dem eigenen Verlag. Bei Imagebefragungen sollte darauf geachtet werden, dass Kunden, frühere Kunden und Nicht-Kunden befragt werden, schließlich sollen neben Stärken auch Schwächen aufgedeckt werden und neue Kunden in Zukunft gewonnen werden. Dazu muss in Erfahrung gebracht werden, warum Nicht-Kunden noch keine Kunden sind. Um die Objektivität zu wahren, ist es am besten, ein externes Marktforschungsinstitut zu beauftragen. Eine Imagebefragung sollte in regelmäßigen Abständen wiederholt werden. Der Turnus hängt dabei von verschiedenen Kriterien ab, zum Beispiel von der Branche, dem Wettbewerbsumfeld und den Aktivitäten, die seit der letzten Befragung gemacht wurden. Erfahrungsgemäß ist es sinnvoll, wenn die Interviews persönlich-mündlich durchgeführt werden, dementsprechend schlägt sich dies im Preis der Befragung nieder.

Herr Neugier wird aus seinen Gedanken gerissen, als Herr Bossig die Sitzung eröffnet und alle Anwesenden begrüßt. Die Spannung ist groß. Nach der letzten Imagepräsentation entschied sich die Geschäftsleitung dafür, das Logo zu verändern, um so aus einem eher konservativen Image in ein dynamischeres, moderneres Image zu rutschen. Hatte diese Maßnahme Erfolg? Die hausinternen Daten zeigen Kundenzuwächse, aber kann dies auf die Logomodifikation zurückgeführt werden?

Die Präsentation ist spannend, findet Herr Neugier. Aufgrund der erhobenen Daten konnte herausgearbeitet werden, dass sich mehr Befragte positiv zum geänderten Image äußerten, dies aber noch nicht in dem Maße stattfand, wie die Geschäftsführung dies erwartet hatte. Aber: der eingeschlagene Weg ist richtig. Ein neues Problem wird angesprochen: eine gewisse Unzufriedenheit mit dem Call-Center. Diese auszuräumen, solle Aufgabe bis zur nächsten Wiederholungsbefragung sein.

Herr Neugier braucht sich zu diesem Thema keine weiteren Notizen in sein Skript zu machen.

7.2 Einstellungsmessung

In der Kaffeepause tauscht sich Herr Neugier mit anderen Teilnehmern der Präsentation über die Imagebefragung aus und erfährt, dass es sicherlich für den Verlag wichtig wäre, wenn man mehr über die Einstellungen der Befragten erfahren könne. Das sei doch ein zentrales und häufig auftauchendes Thema der Marktforschung, so die Teilnehmer der Präsentation. Herr Neugier überlegt und wundert sich, dass es bei den Forschungen ganz häufig auf die Ergründung der Einstellungen von Konsumenten ankommen solle. „Weshalb noch mehr Tätigkeitsfelder der Marktforschung? Das lasse ich mir von Herrn Bossig erklären", denkt sich Herr Neugier und erhofft sich von Herrn Bossig Aufklärung.

Herr Bossig erklärt: „Zur Beantwortung Ihrer Frage muss ich etwas ausholen. Nun, Herr Neugier, wie kann ich Ihnen das näher bringen? Das Thema ist schon etwas abstrakt und komplex. Unternehmen beabsichtigen mit Werbe- und Kommunikationsmaßnahmen und anderen Aktivitäten die Einstellungen beim Konsumenten gegenüber dem Unternehmen positiv zu verändern. Die psychische Neigung von Personen hinsichtlich eines Objekts (Stimulus) konsistent mehr oder weniger positiv beziehungsweise negativ zu reagieren, wird als Einstellung bezeichnet. Daher ist die Beschäftigung mit Einstellungen so wichtig."

„Einstellungen", führt Herr Bossig weiter fort, „ sind objektbezogen, gelernt, relativ stabil und verhaltenswirksam. Einstellungen werden anhand von affektiven (gefühlsmäßige) und kognitiven (wissensbasierte) Komponenten beschrieben."

„Das Wissen über die Einstellungen des Kunden ist äußerst wichtig, zum Beispiel für die Bildung von Strategien, die Bearbeitung des Marktes und die Bildung von Marktsegmenten. Einstellungen des Kunden manifestieren sich in seinen Meinungsäußerungen und determinieren seine Präferenzen für Dienstleistungen. Mehrdimensional gemessene Einstellungen können mit dem Begriff „Image" gleichgesetzt werden, welches ein Unternehmen beim Konsument hat."

„Einstellungen hängen mit Präferenzen eng zusammen. Eine Person zeigt seine Präferenz durch sein Entscheidungsverhalten. Sie bevorzugt eine bestimmte Alternative und zeigt auf diese Weise ihre Präferenz. Diese Verhaltensweise bildet der Indikator seiner Präferenz und ist eine eindimensionale Variable, die die empfundene Vorteilhaftigkeit von Alternativen zum Ausdruck bringt."

„Verschiedene Messungen von Präferenzen sind in dieser Notiz aufgelistet", sagt Herr Bossig und übergibt Herrn Neugier die Notiz Präferenz-Messung:

- Rangreihung (Bitte geben Sie an, welche Marke Ihnen am besten, am zweitbesten, ... gefällt?)
- Paarvergleiche (Welche dieser beiden Marken bevorzugen Sie?)
- Konstantsummenverfahren (Zeigen Sie durch die Vergabe von Punkten an, wie wichtig Ihnen folgende Eigenschaften sind? Sie können insgesamt XY Punkte vergeben. ...)
- Rating-Verfahren (Vergabe von Werten von zum Beispiel 1 bis 10 oder „gefällt mir", gefällt mir nicht" oder wie bei der Einstellungsmessung ...).

Emotionen hingegen sind Empfindungen, die als angenehm oder unangenehm erlebt werden. Emotionen sind abhängig von momentanen Reizen, unter anderem Bilder, Düfte oder Geräuschen, mit denen der Mensch konfrontiert wird."

„Motive sind grundlegende psychische Antriebskräfte des „gerichteten" Handelns (Hunger verspüren und daher zum Essen gehen). Emotionen und Motive können die Bildung von Einstellungen beeinflussen."

„Aber wie kann man die Einstellungen erfassen?", fragt Herr Neugier.

„Die Einstellungsmessung erfolgt über", erklärt Herr Bossig, „beobachtbare Indikatoren, Einschätzungs- und Zuordnungsskalen, wobei Personen dem Untersuchungsobjekt einen Messwert aus einer Antwortskala zuordnen. Zum Beispiel: Wie schätzen Sie XY ein? Sehr gut, gut, weniger gut, sehr schlecht. Die Antwortskalen werden hierbei als Intervallskala interpretiert. Die semantischen Abstände auf den Skalen werden als gleich angenommen. Im Vorfeld werden die relevanten Indikatoren über Pilotstudien ermittelt. Dank statistischer Analyseverfahren werden die relevanten Indikatoren errechnet."

„Für die Einstellungsmessungen wurden von verschiedenen Wissenschaftlern Verfahren entwickelt, die in die Messungen der Forschungspraxis Einzug finden können. Vertreter dieser Verfahren sind zum Beispiel die Einstellungsmessung von Likert und von Guttman, die mehrdimensionale Einstellungsmessung von Osgood/Suci/Tannenbaum (semantisches Differential) und von Fishbein.

Dabei arbeitet beispielsweise die Einstellungsmessung von Likert mit affektiven Komponenten, die die Testpersonen jeweils auf einer 5-poligen Zustimmungsskala bewerten. Likerts Einstellungsmessung ist damit relativ eindimensional. Das Messergebnis einer Testperson ist nach Likert die Summe, aus den durch diese Testperson vergebenen Werten.

Auch für Guttman gelten prinzipiell ähnliche Aussagen, allerdings bringt dieser die Testpersonen auf der Basis ihrer insgesamt vergebenen Skalen-Werte in eine Rangfolge untereinander. Aus dem ermittelten Rang der Testperson soll seine Antwort unmittelbar rekonstruiert werden können. Guttman zielt auf eine gleichzeitige Skalierung einer Menge von Aussagen und Personen ab.

Osgood/Suci/Tannenbaum arbeiten hingegen bei ihrer mehrdimensionalen Einstellungsmessung mit affektiven und kognitiven Komponenten, wobei deren semantisches Differential aus einer Menge von Eigenschaftsaussagen (Komponenten) besteht, die polar gefasst sind und innerhalb der polaren Aussagen semantisch abgestuft werden können. Auf diese Weise lassen sich Eigenschaftsprofile ermitteln und Distanz- und Ähnlichkeitsmessungen abbilden.

Fishbein geht bei seinen Einstellungsüberlegungen insbesondere davon aus, dass:

- jedes Objekt einige Eigenschaften und Merkmale besitzt, die die Einstellungen der Testperson zu diesem Objekt beeinflussen,
- die Einstellung zum Objekt sich aus dem subjektiven Wissen der Testperson um diese Eigenschaften sowie deren subjektiver Bewertung zusammensetzt und
- die Einstellung eine Linearkombination der wahrgenommenen und bewerteten Eigenschaften ist, das heißt affektive und kognitive Komponenten sind multiplikativ verknüpft.

Auch Fishbein arbeitet bei seinen mehrdimensionalen Einstellungsmessungen mit affektiven und kognitiven Komponenten und lässt die Eigenschaftsaussagen (Komponenten) von den Testpersonen mit Wahrscheinlichkeitsaussagen bewerten (sehr wahrscheinlich, ... bis sehr unwahrscheinlich). Die jeweiligen zugeordneten Eindruckswerte einer Testperson werden anschließend miteinander multipliziert und ergeben den Einstellungswert einer Testperson zum Objekt."

Herr Neugier notiert sich in sein Skript:

Die psychische Neigung von Menschen hinsichtlich eines Objekts konsistent mehr oder weniger positiv beziehungsweise negativ zu reagieren, wird als Einstellung bezeichnet.

Einstellungen sind:
- *objektbezogen,*
- *gelernt,*
- *relativ stabil,*
- *verhaltenswirksam,*
- *und sie haben affektive (gefühlsmäßige) und*
- *kognitive (wissensbasierte) Komponenten.*

Emotionen sind Empfindungen, die als angenehm oder unangenehm erlebt werden. Emotionen sind abhängig von momentanen Reizen (Bilder, Düfte, Geräusche, Geschmack, Fühlen), mit denen der Mensch konfrontiert wird.

Motive sind grundlegende psychische Antriebskräfte des „gerichteten" Handelns (Hunger verspüren und daher zum Essen gehen). Emotionen und Motive können die Bildung von Einstellungen beeinflussen.

Für die Einstellungsmessungen wurden von verschiedenen Wissenschaftlern Verfahren entwickelt, die in der Forschungspraxis Verwendung. Vertreter dieser Verfahren sind zum Beispiel:
- *Likert und Guttman,*
- *Osgood/Suci/Tannenbaum (mehrdimensionale Einstellungsmessung: semantisches Differential) und*
- *Fishbein.*

7.3 Werbeforschung

Im Unternehmen kamen die neuen Prospekte, Flyer und Anzeigenmotive an und wurden in den Abteilungen zur Information ausgeteilt. „Herr Bossig", fragte Herr Neugier, „sicherlich überprüfen Sie diese Dinge vorher oder?"

„Ja, diese Dinge nennt wir Werbemittel", sagt Herr Bossig, „dazu gehören auch Spots, Plakate und viele andere Werbegegenstände und –maßnahmen. Sie werden mit Hilfe von Werbemitteltests überprüft. Zweck dieser Tests ist es, Informationen und Hilfestellungen für die zielgerichtete Gestaltung von Werbemitteln und die Auswahl zwischen alternativen Werbemitteln zu erhalten.

Abhängig vom Zeitpunkt, wann der Werbemitteltest durchgeführt wird, unterscheidet man zwischen Pre-Test (vor Einsatz des Werbemittels auf dem Markt), Werbetracking (gleichzeitig mit Markteinsatz) und Post-Test (nachdem Werbemittel auf dem Markt eingesetzt wurde).

Da letztendlich die Werbung auf die Beeinflussung von Entscheidungen der Konsumenten abzielt, kann man sich vorstellen, dass die Werbung verschiedene Bedingungen erfüllen sollte, die im Werbemitteltest überprüft werden. Das Werbemittel muss bei Personen der Zielgruppe Aufmerksamkeit erregen können. Zentrale Elemente und Inhalte der Werbemittel müssen von den Zielpersonen wahrgenommen, verstanden und akzeptiert werden. Die Werbung sollte zum Beispiel positive Emotionen auslösen, neuartig, außergewöhnlich und glaubwürdig erscheinen, aber durchaus auch auf bestehenden Wissensschätzen der Zielpersonen aufbauen. Die Erinnerungsleistung an die Werbung ist Vorbedingung für eine nachhaltige Wirksamkeit der Maßnahmen.

Für den Werbemitteltest werden zum Beispiel Probanden in ein Teststudio eingeladen, wo ihnen die Werbemittel vorgestellt und dabei deren Wirkungen überprüft werden.

Die Aufmerksamkeitswirkung kann beispielsweise auch mit Hilfe von apparativen Techniken überprüft werden. Zu diesen apparativen Techniken können Blickaufzeichnungen, Hirnaktivierungsmessungen und Hautwiderstandsmessungen zählen. Sie haben davon schon gehört, als es um unsere Forschungsmethoden ging", erläutert Herr Bossig.

„Erinnerungsleistungen", Herr Bossig sieht für einen Moment zum Fenster, „können nach der Präsentation der Werbemittel durch ungestützte und gestützte Befragungen geprüft werden. Bei ungestützten Befragungen muss sich die Testperson an Dinge der Werbemittel ohne gewisse Hilfestellungen und Hinweise erinnern. Bei der gestützten Befragung wird der Befragte auf Dinge der Werbemittel hingewiesen und der Befragte soll dann über seine Erinnerungen berichten. Glaubwürdigkeit und Verständlichkeit der Werbemittel können zum Beispiel ebenfalls mittels Befragung geklärt werden.

Die Werbeträgeruntersuchungen hingegen haben zum Ziel, Informationen zu erarbeiten, die Aufschluss darüber geben, wie viele Zielpersonen von der Schaltung einer Werbung – zum Beispiel einer Anzeige, einem Plakat, einem Spot – in einem bestimmten Werbeträger, wie Zeitungen, Zeitschriften, Fernseh- und Radiosender, oder Ähnlichem erreicht werden können. Dabei ist die Struktur dieser Mediennutzer für die Werbungtreibenden als Entscheidungsbasis für die geeignetste Auswahl der Werbeträger wichtig. Die Zielpersonen sollen möglichst umfangreich mit den geeignetsten Werbeträgern effizient und effektiv erreicht werden. Es müssen Werbeträger, die für die jeweilige Werbebotschaft ungeeignet sind, aufgedeckt werden", erklärt Herr Bossig.

„Bei Werbeträgeruntersuchungen geht es primär um Kontaktzahlen und -qualitäten. Grundlagen sind beispielsweise Auflagehöhen, Nutzerzahlen, zeitliche und räumliche Verteilung. Werbeträger, die sich dabei der freiwilligen Selbstkontrolle durch das Institut zur Verbreitung von Werbeträgern (IVW) unterziehen, beziehen sich auf eine offiziell anerkannte Vertrauensbasis für ihre Kontaktzahlen bei den Werbungtreibenden.

Die Struktur der Mediennutzer muss mit Hilfe der Befragungen erarbeitet werden. Die Werbeträger führen hierfür entweder eigene Befragungen (Markt-Media-Studien) durch (Verbraucheranalysen (VA), Soll und Haben) oder beteiligen sich an groß angelegten, regelmäßig wiederkehrenden Gemeinschaftsuntersuchungen wie der Media-Analyse (MA) der Arbeitsgemeinschaft Media-Analyse e. V. (AG.MA) oder der Allensbacher Werbeträger-Analyse (AWA). Diese bundesweit akzeptierten und standardisierten Großstudien berichten insbesondere über den Umfang der Mediennutzer (Reichweiten) und sind wichtige Planungsgrundlagen für Kampagnen.

Häufig spielt bei der Planung, Durchführung und Analyse der Werbeträgeruntersuchungen das sogenannte „ZAW Rahmenschema für Werbeträger Analysen" eine herausragende Rolle. Die Mindestgrundsätze zur Sicherung der wissenschaftlichen Exaktheit der Untersuchungen wurden darin von der werbungtreibenden Wirtschaft erfasst.

Aus den Werbeträgeruntersuchungen können verschiedene Maßzahlen zur Beurteilung von Medien abgeleitet werden. Diese Maße sind wichtige Kennziffern der Werbeträger-Planung (Mediaplanung). So zeigt zum Beispiel die Einschaltquote an, wie viel Prozent der Fernsehhaushalte in Deutschland eine bestimmte Sendung über die gesamte Sendezeit gesehen haben. Alle Personen, die einen bestimmten Print-Titel innerhalb der letzten zwölf Erscheinungsintervalle genutzt haben, werden als „Weitester Leserkreis" (WLK) bezeichnet. Der Leser pro Nummer (LpN) ist definiert als Leser eines bestimmten Print-Titels im letzten Erscheinungsintervall. Die rechnerisch ermittelte Anzahl der Leser pro durchschnittliche Ausgabe eines Print-Titels bezeichnet man als Leser pro

Ausgabe (LpA) und ist der Quotient aus der Summe der LpN der in dem jeweiligen Zeitraum erschienen Print-Exemplare und der Anzahl der erschienen Print-Exemplare (Werbeträgerkontaktchance). Die Werbemittelkontaktchance (Leser pro Seite (LpS)) ist die Wahrscheinlichkeit, in einer Ausgabe eines Print-Titels eine durchschnittliche Seite aufzuschlagen, um darauf zu schauen und zu lesen. Der Leser pro Werbung führende Seite (LpWS) ist die Wahrscheinlichkeit, in einer Ausgabe eines Print-Titels eine durchschnittliche Anzeigenseite aufzuschlagen, um zu lesen. Die Nettoreichweite ist die Anzahl der erreichten Personen, die mindestens einen Kontakt mit dem Print-Titel hatten und die Bruttoreichweite ist die Anzahl der erzielten Kontakte mit einem Print-Titel, unabhängig von der Zahl der erreichten Personen. Lassen Sie sich durch die Abkürzungen nicht verwirren, Herr Neugier. Im Laufe ihres Praktikums werden sie Ihnen bald selbstverständlich werden.

Online-Werbung auf verschiedenen Internetseiten wird in der Internet-Facts-Studie der Arbeitsgemeinschaft Online Forschung (AGOF) untersucht. Als spezielle Werbeträgeruntersuchung im Online-Bereich werden beispielsweise mit Hilfe von Unique-Usern und Page-Impressions Leistungswerte der bei der AGOF organisierten Online-Werbeträger technisch und mit Hilfe der Befragung erfasst."

Herr Neugier macht sich folgende Notizen in sein Skript:
Um Informationen und Hilfestellungen für die zielgerichtete Gestaltung von Werbemitteln und die Auswahl zwischen alternativen Werbemitteln zu erhalten, werden Werbemitteltests durchgeführt:

- *Werbemitteltest vor dem Einsatz des Werbemittels auf dem Markt sind Pre-Tests.*
- *Tests, nachdem das Werbemittel auf dem Markt eingesetzt wurde, nennt man Posttest.*
- *Tests, parallel während des Einsatzes der Werbemittel auf dem Markt, bezeichnet man als Werbetracking.*

Das Werbemittel wird überprüft, ob es bei Personen der Zielgruppe:
- *Aufmerksamkeit erregt, wahrgenommen, verstanden und akzeptiert wird, positive Emotionen auslöst, neuartig, besonders und glaubwürdig erscheint und erinnert werden kann.*
- *Bei Werbeträgeruntersuchungen geht es primär um Kontaktzahlen und -qualitäten.*
- *Werbeträgeruntersuchungen liefern Informationen darüber, wie viele Zielpersonen von der Schaltung einer Werbung in einem bestimmten Werbeträger erreicht werden können.*

7.4 Mitarbeiterbefragung

Bei der am nächsten Tag stattfindenden Abteilungsbesprechung erwähnt Herr Bossig, dass die Abteilung kurzfristig einen Sonderauftrag bekommen habe: „Die Personalabteilung möchte eine Mitarbeiterbefragung durchführen und bittet um die Unterstützung der Marktforschungsabteilung." Herr Neugier soll diesen Auftrag möglichst eigenständig ausführen, Unterstützung bekommt er natürlich, wenn er diese benötigt.

Herr Neugier ruft bei der Personalabteilung an und vereinbart einen Briefingtermin mit dem Personalleiter, Herrn Grips. Dann macht er sich zur Vorbereitung ein paar Notizen, was seiner Meinung nach wichtig sei und welche Informationen er vom Personalleiter benötigt.

Beim Briefingtermin erläutert Herr Grips Herrn Neugier, warum er eine Mitarbeiterbefragung wünscht: „Die Personalabteilung hat die Idee, ein internes Vorschlagswesen einzuführen und möchte dieses schon im nächsten Jahr im Verlag starten. Dazu sollte in Erfahrung gebracht werden, wie diese Idee bei den Mitarbeitern ankommt und wie dieses Vorschlagswesen letzten Endes zu gestalten sei, um eine dauerhaft hohe Beteiligung zu garantieren."

Herr Neugier notiert eifrig und schlägt dem Personalleiter vor: „Ich entwerfe Ihnen dazu einen Fragebogen und stimme diesen mit Ihnen ab." Sie diskutieren, wie sie den Ablauf möglichst unkompliziert gestalten könnten und sind sich darüber einig, in einem Rundschreiben an alle Mitarbeiter – per E-Mail-Versand – auf die Befragung hinzuweisen. In diesem Anschreiben sollen folgende Eckpunkte enthalten sein: Thema und Ziel der Befragung, Beginn und Ende der Befragungszeit, Hinweis auf die Anonymität der Daten, auf welche Art die Mitarbeiter die Fragebögen erhalten und wo die ausgefüllten Fragebögen wieder abgegeben werden können, ein Hinweis auf die Auswertung und die Veröffentlichung der Ergebnisse und natürlich ein Dankesgruß vorab.

Herr Neugier macht folgenden Vorschlag: „Die Befragung führen wir in schriftlicher Form durch und verschicken den Fragebogen mit der monatlichen Lohnabrechnung. So ist garantiert, dass jeder Mitarbeiter erreicht wird, und es fallen keine zusätzlichen Versandkosten an. Die Ergebnisse werden in der nächsten Mitarbeiterzeitung veröffentlicht." Mit diesem Vorgehen ist Herr Grips einverstanden. Er weist jedoch darauf hin, dass es nötig sei, den Betriebsrat vorab über das Vorhaben zu informieren und dass der Fragebogen mit Vertretern des Betriebsrates abgestimmt werden müsste.

Herr Neugier entwirft als nächstes den Fragebogen und informiert seinen Chef über alles Wesentliche. Der bestärkt ihn, er sei auf dem richtigen Weg und kontaktiert umgehend den Betriebsrat.

Der Betriebsrat, der Mitarbeiterbefragungen zum Thema Mitarbeiterzufriedenheit schon kennt, zeigt sich sehr kooperativ und interessiert.

Die Befragung verlief erfolgreich, die Ergebnisse sind für die Personalabteilung sehr nützlich und die hohe Rücklaufquote von 70% beweist eine starke Verbundenheit der Mitarbeiter mit dem Verlag. Und Herr Neugier ist stolz auf „sein" Projekt.

Herr Neugier ergänzt sein Skript:

Mitarbeiterbefragungen sind unbedingt mit dem Betriebsrat abzustimmen.

8. Datenaufbereitung im Überblick

8.1 Codieren des Erhebungsmaterials

Heute muss Herr Neugier alles stehen und liegen lassen. Frau Hilfreich ist krank geworden und von einer telefonischen Befragung müssen dringend Fragebögen codiert werden, damit sie an die Datentypistin weitergeleitet werden können. Der Fragebogen umfasst mehrere Seiten. Die ersten Fragen hat Frau Hilfreich schon bearbeitet.

Da bei den anzukreuzenden Antwortalternativen der geschlossenen Fragen des Fragebogens bereits Zahlen neben dem Kästchen stehen, werden diese Fragen nur kontrolliert. Frau Schlau erklärt Herrn Neugier, auf was er achten muss: „Wurde zu jeder Frage maximal ein entsprechendes Antwortkreuz gemacht? Falls nein, wird die Antwort zur Kategorie „keine Angabe" zugerechnet, die zwar bei der Kriterienlistung vorhanden war, aber vielleicht übersehen wurde. Entspricht bei der Maximalangabe von Ankreuzmöglichkeiten die Anzahl der Kreuze der vorgegebenen Anzahl? Wurden die Statistikfragen korrekt ausgefüllt? Dies sind die Fragen, die Herr Neugier überprüfen muss.

Anders bei den offenen Fragen. Diese müssen codiert werden. Das bedeutet, dass für jede Nennung eine Zahl vergeben wird. Eine Antwort besteht möglicherweise aus mehreren Nennungen und diese gilt es zu trennen. Gleichbedeutende Nennungen, beispielsweise Blitz und Donner oder Gewitter werden zu einer Codenummer zusammengefasst. Parallel dazu soll für jede Frage eine Codeliste angelegt werden."

Herr Neugier versteht: „Dies ist dann quasi die Übersetzung der Zahlen in die Antwortnennungen und umgekehrt." Frau Schlau stimmt zu und erläutert: „Die Zahlen sind zweistellig und fortlaufend durchzunummerieren, beginnend bei 01. Hinter der Zahl steht die Nennung beziehungsweise die Nennungsalternative. Maximal können 99 Codenummern vergeben werden, wobei man sich darauf einigt, dass die 99 als Codenummer für keine Angabe stehen soll.

Für die ersten fünf offenen Fragen der Befragung gibt es diese Liste schon, die weiteren sind von Herrn Neugier anzufertigen.

Herr Neugier hat alles verstanden und beginnt damit, alle Fragebögen auf die gleiche Seite zu blättern, da immer querschnittlich eine Frage nach der anderen codiert wird. Herr Neugier hat Spaß daran und ist bis zur Mittagspause schon weit gekommen.

Am Abend kann er die kompletten Listen in das Computerprogramm eingeben und die Datentypistin erhält alle Fragebögen, um zur jeweiligen Testpersonnummer die Codenummern der Fragen einzugeben. Die Erfassung erfolgt Fragebogen für Fragebogen.

8.2 Reduktion der Daten

„Um die Datenmassen einer Erhebung überschaubar zu machen und sich ein Urteil bilden zu können, sind systematische Methoden der Reduktion der Daten erforderlich. Ziel ist es, die Rohdaten auf wenige aussagekräftige Größen, Kennziffern und Darstellungen zu reduzieren", erklärt Frau Schlau, den nächsten Schritt der Datenaufbereitung.

„Hierbei hilft zunächst die Darstellung des Datenmaterials in Form von Tabellen. Tabellen ordnen die Werte in übersichtlicher Weise in Zeilen und Spalten an und ergänzen sie durch elementare Berechnungen. Tabellen enthalten eine Über- oder Unterschrift als Kennzeichnung des Gegenstandes der Tabelle. In der ersten Spalte und in der Kopfzeile stehen die Merkmale nach denen die Daten gegliedert werden. Die Spalten und Zeilen sind durch Striche oder Zwischenräume voneinander getrennt.

Für die Datenreduktion helfen grundsätzlich Maßzahlen der deskriptiven Statistik wie Mittelwerte, Konzentrationsmaße, Quoten oder Indexzahlen. Davon haben Sie bestimmt schon in Ihrer Ausbildung gehört, oder Herr Neugier?" fragt Frau Schlau. „Vielleicht haben Sie auch Gelegenheit unsere umfangreiche, weiterführende Fachliteratur dazu zu lesen. Ich möchte Ihnen hierfür eine erste Orientierung geben. Ausführliche, mathematische Darstellungen und Berechnungen finden Sie in der Fachliteratur. Lassen Sie mich dieses Thema also noch etwas weiter ausführen, die Begrifflichkeiten nennen und in eine Ordnung bringen.

Gut, eine Maßzahl ist eine reale Zahl, die eine Vielzahl von Daten adäquat und anschaulich beschreiben sowie zusammenfassen soll. Maßzahlen haben möglichst optimale deskriptive (beschreibende) sowie schätztheoretische (inferentielle) Funktionen und müssen daher zusätzlich die Kriterien von Schätzfunktionen berücksichtigen. Man möchte ja damit interessierende Sachverhalte abschätzen. Maßzahlen kann man in sogenannte Verteilungsmaße und Verhältniszahlen einteilen.

Häufigkeitsverteilungen – also wie häufig verschiedene Werte der Messung auftreten – lassen sich mit den Verteilungsmaßen beschreiben. Zu den Verteilungsmaßen zählen Lage- und Streuungsparameter sowie Konzentrationsmaße. Lageparameter sind das arithmetische und geometrische Mittel, der Median (Zentralwert) und der Modus (dichtester Wert). Streuungsparameter sind die Varianz, die Standardabweichung, die Quantile, die Spannweite und die durchschnittliche Abweichung. Das bekannteste Konzentrationsmaß ist das Lorenz´sche Konzentrationsmaß.

Quotienten zweier Maßzahlen führen zu Verhältniszahlen. Verhältniszahlen setzen dadurch gleichartige oder verschiedenartige Maßzahlen zueinander in

Beziehung. Zu den Verhältniszahlen zählen Quoten, Beziehungszahlen, Mess- und Indexzahlen. Werden Teilgrößen zu ihrer übergeordneten Größe in Beziehung gesetzt, ergeben sich Quoten. Quoten sind beispielsweise die prozentualen Absatzmengenanteile verschiedener Produkte an der Gesamtabsatzmenge. Die Quoten informieren über die relative Bedeutung der Teile eines Ganzen. Werden zwei verschiedene – sachlich sinnvoll zusammengehörige – Werte zueinander ins Verhältnis gesetzt, ergeben sich Beziehungszahlen. Eine Beziehungszahl ist zum Beispiel die Anzahl der Fernsehgeräte pro Einwohner. Messzahlen ergeben sich dann, wenn aus einer Reihe gleichartiger Größen eine der Größen als Basis gewählt wird und die übrigen Größen hierzu ins Verhältnis gesetzt werden. Messzahlen können Entwicklungen von Zeitreihen abbilden. Zum Beispiel kann die erste Absatzmenge eines Produktes einer Zeitreihe gleich 100 gesetzt und alle folgenden Werte hierzu in Prozent dieses Wertes ausgedrückt werden, um dadurch Wachstumsraten zu erhalten. Indexwerte sind Maßzahlen, die die Entwicklung mehrerer sachlich gleichartiger Reihen zusammenfassen (Preisindizes).

Darüber hinaus sind Datenreduktionen auch durch sogenannte multivariate Methoden (zum Beispiel: Faktorenanalyse, Cluster-Analysen) möglich.

Die Faktorenanalyse hat zum Ziel eine Datenmatrix mit Messwerten von Objekten der jeweiligen Merkmalsvariablen auf eine Datenmatrix mit jeweils weniger Variablen (Faktoren) zu reduzieren und zwar bei geringst möglichem Informationsverlust. Diese Faktoren sind nicht beobachtbare Größen, die der beobachteten Merkmalsvariablen zugrunde liegen. Die Faktoren sind unkorreliert und durch die errechneten Faktoren kann der Informationsgehalt der vielen Merkmalsvariablen wiedergegeben werden. Z. B. interessiert sich der Verlag für diejenigen Eigenschaften eines Produkts, die für die Kunden möglichst aussagekräftig die Gesamtheit aller Eigenschaften repräsentieren, um dann eine prägnante Werbekampagne zu konzipieren. Also Datenverdichtung durch Reduktion des Merkmalsvariablenraums bei gleichzeitiger Aufrechterhaltung des beobachteten Objektraums.

Die Faktorenanalyse umfasst vier Schritte:

1.) die Bildung der Korrelationsmatrix

2.) die Extraktion (zum Beispiel: Hauptkomponentenmethode) sowie

3.) die Rotation der Faktoren (zum Beispiel: Varimax-Methode)

4.) und die Bestimmung und Interpretation der Faktorenwerte.

Dabei werden die Faktoren so extrahiert, dass sie unabhängig voneinander sind und einen größtmöglichen Anteil der verbleibenden Restvarianz in den Variablen aufnehmen (Ladung). Die Werte von Ladungen eines Faktors werden durch die Rotation möglichst groß und die Werte der übrigen Ladungen des Faktors möglichst klein.

Bei der Cluster-Analyse hingegen möchte man die beobachteten Objekte klassifizieren. Klassifikationskriterien sind Ähnlichkeitsanalysen bezüglich der beobachteten Merkmalsausprägungen.

Der Ablauf ist dabei folgender:

- Festlegung des sogenannten Proximationsmaßes (Ähnlichkeitsmaß)
- und des Klassifizierungsverfahrens
  (zum Beispiel hierarchische Verfahren)
- sowie Interpretation der Ergebnisse der Analyse."

8.3 Erfassung von Beziehungen

Herr Bossig überreicht Herrn Neugier wichtige Stichworte der Datenanalyse, die Herrn Neugier als Merkposten dienen soll.

Stichworte der Datenanalyse:

- Messniveau der Daten beachten,
- qualitative oder quantitative Erhebung beachten (Datenverdichtung),
- uni-, bi- und multivariate Methoden angehen,
- Verteilungsüberlegungen, Linearitätsprüfungen bei explorativer Datenanalyse berücksichtigen,
- statistische Maßzahlen (Lageparameter, Streuungsmaße: Varianz, Standardabweichung, durchschnittliche Abweichungen, sogenannte Quantilsabstände, Spannweite) einsetzen,
- mittels Schätzverfahren Schlüsse von der Stichprobe auf die Grundgesamtheit vornehmen.

Herr Bossig erklärt: „Die Datenanalyse in der Forschung greift auf viele der gängigen Techniken der Statistik zurück. Außer einfachen Maßzahlen wie Häufigkeiten von Merkmalen, Anteilswerten, Mittelwerte, Mediane und dergleichen kommen komplexe statistische Analyseverfahren (multivariate Analysemethoden) zum Einsatz. Auch grafische Darstellungen spielen eine große Rolle. Eine weitere sehr häufig verwendete Technik der Datenanalyse stellt die sogenannte Kreuztabelle oder Kontingenztabelle dar. Sie ist relativ einfach zu interpretieren, erfordert geringe statistische Vorkenntnisse und das Messniveau der Daten kann gering sein. Kreuztabellen helfen Zusammenhänge zwischen Merkmalen zu untersuchen. Es kann festgestellt werden, ob beispielsweise zwei Variablen voneinander abhängig sind.

Zum Beispiel: Es soll die Hypothese „Personen, die sehr kostengünstige Verlagsprodukte bevorzugen, kaufen öfter Verlagsprodukte online ein als andere" überprüft werden. Die Verteilung der Studienergebnisse können der folgenden Kreuztabelle entnommen werden."

kaufe Verlagsprodukte online ein	A) bevorzuge sehr kostengünstige Verlagsprodukte	B) bevorzuge sehr kostengünstige Verlagsprodukte	Summen von A und B)
	ja	nein	
a) oft	400 (16,7% v. 2400)	200 (10% v. 2000)	600 (13,6%)
aa) erwartete Häufigkeiten* bzgl. a)	13,6% von 2400 → 327,3 (54,5% von 600)	13,6% von 2000 → 272,7 (45,5% von 600)	600
b) selten	2000 (83,3% v. 2400)	1800 (90% v. 2000)	3800 (86,4%)
bb) erwartete Häufigkeiten* bzgl. b)	86,4% von 2400 → 2072,7 (54,5% von 3784)	86,4% von 2000 → 1727,3 (45,5% von 3784)	3800
Summe	2400 (54,5% v. 4400)	2000 (45,5% v. 4400)	4400 (100%)

Zu *): Häufigkeiten, die bei gegebener Randverteilung zu erwarten sind, wenn die betrachteten Variablen unabhängig voneinander wären.

Abbildung 19: Kreuztabelle

„Gemäß Zeile a) der Tabelle würde sich erkennen lassen, dass sich die Hypothese tendenziell bestätigen lässt, Herr Neugier."

„Wenn die Neigung zu sehr kostengünstigen Verlagsprodukten keinen Einfluss auf den Kauf dieser Produkte online haben würde, dann müssten 13,6% der Befragten A) und 13,6% der Befragten B) sowie 13,6% der Gesamtheit der Befragten A) + B) in Zeile a) angeben, oft Verlagsprodukte online zu kaufen. Je stärker die tatsächlich beobachteten Häufigkeiten jedoch von diesen 13,6% abweichen, desto eher kann eine Abhängigkeit zwischen den Variablen unterstellt werden. Dieser Grundüberlegung folgt auch der Chi-Quadrat-Test, der für die Prüfung dieser Problemstellungen entwickelt wurde und Entscheidungen über die Annahme oder Ablehnung dieser Zusammenhangs-Hypothesen herbeiführen kann. Der Chi-Quadrat-Test führt im aufgeführten Beispielsfall zur Annahme der genannten Hypothese.

Allerdings sind die Zusammenhänge im Marketing in der Realität häufig viel komplexer und lassen sich nicht durch ausschließlich eine oder zwei Variablen erklären. Das Zusammenwirken mehrerer Variablen spielt bei vielen Erscheinungen im Marketing eine Rolle. Mit Hilfe multivariater Analyseverfahren lässt sich eine Menge von Variablen simultan analysieren. Herr Neugier, sehen Sie sich doch mal diese Abbildung an.

		unabhängige Variable	
Dependenzanalysen:		qualitativ (nominal, ordinal)	quantitativ (intervall, ratio)
abhängige Variable	qualitativ (nominal, ordinal)	Kontingenzanalyse	Diskriminanzanalyse
	quantitativ (intervall, ratio)	Varianzanalyse	Regressionsanalyse

Abbildung 20: Datenanalyse

Mit Hilfe der Verfahren der Dependenzanalyse können statistische Zusammenhänge zwischen abhängigen und unabhängigen Variablen festgestellt werden. Dependenzanalysen zielen entweder auf sogenannte Erklärung oder Prognose ab. Erklärungen sind die Überprüfungen von Kausalhypothesen und Prognosen sind Aussagen über Entwicklungen der abhängigen Variablen aufgrund der Erkenntnisse über die unabhängigen Variablen.

Abhängige und unabhängige Variablen werden bei Erklärungen auch als Erklärungsvariablen oder erklärende Variablen bezeichnet. Bei Prognosen werden abhängige und unabhängige Variablen als Prognosevariablen und Prädiktorvariablen bezeichnet.

Ich stelle Ihnen nur kurz diese Verfahren vor, Herr Neugier.

Die Kontingenzanalyse analysiert die Abhängigkeit zweier oder mehrerer nominaler oder ordinaler Variablen (Logit-Analyse), zum Beispiel die Abhängigkeit zwischen Geschlecht und Zeitung lesen. Die Diskriminanzanalyse analysiert die Abhängigkeit einer nominalen oder ordinalen Variablen von zwei oder mehreren ratio- oder intervall-skalierten Variablen. Die Regressionsanalyse und die Varianzanalyse lassen sich entsprechend charakterisieren. Sehen Sie nochmals auf die Abbildung.

Derartige Analysen sind natürlich auch für Prognosen von Bedeutung, denn mit Hilfe der Erkenntnisse über die Abhängigkeiten der Variablen lässt sich auf unbekannte Ereignisse schließen. Nimmt man auf Variablen Einfluss, kann aufgrund der Abhängigkeiten das Ergebnis geschätzt werden (Diskriminanzfunktion, Regressionsgerade)."

8.4 Grafiken und Ergebnisbericht

Nachdem die Tabellen fertig waren und auf Richtigkeit geprüft wurden, kann die Umsetzung der Tabellen in adäquate Grafiken erfolgen.

Herr Neugier muss noch die Schaubilder für die Mitarbeiterbefragung erarbeiten und überlegt, was er bereits darüber gelernt hatte. Er orientiert sich ergänzend an einer abgelaufenen Studie und an der kürzlich präsentierten Imageanalyse.

An diesen Beispielen wird deutlich, wie deren Aufbau sein soll:

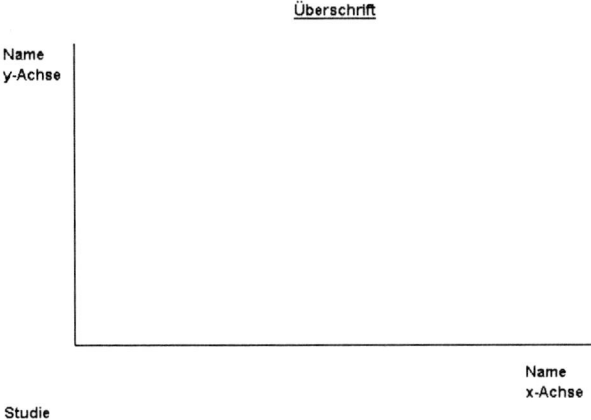

Überschrift

Name
y-Achse

Name
x-Achse

Studie
Fragenummer und Fragestellung
(Teil-) Stichprobe N(n)
Nennungen in Absolut- oder %-Werten / Mittelwerte oder ähnliches
eventuell Skalenbenennung oder Top- / Bottom-Boxes
eventuell Mehrfachnennungen möglich
eventuell nachträglich kategorisiert

Abbildung 21: Grafikaufbau

Über der Grafik ist die Grafiküberschrift zu sehen, die in prägnanter Weise die Fragestellung stichpunktartig wiedergibt. Die Achsen sind beschriftet. Unter der Grafik sind Angaben zur Studie, zur Fragestellung und zur Stichprobe ebenso zu finden wie die Angabe, in welcher Art die Werte dargestellt werden. Ergänzt werden eventuelle Skalenbenennungen oder Top-/Bottom-Boxes sowie, ob Mehrfachnennungen möglich waren und ob diese nachträglich kategorisiert wurden. So hat der Leser beim Betrachten der Grafik alle Informationen verfügbar.

Falls es Abweichungswerte gibt, die üblicherweise bei 10% Differenzwert zum Gesamtwert ausgewiesen werden, werden diese als Symbol innerhalb der Grafik inklusive Wert angezeigt.

Herr Neugier hat gelernt, dass an eine Grafik mehrere Anforderungen gestellt werden: das Wesentliche ist auf einen Blick erfassbar, die gute Lesbarkeit ist gewährleistet, eine gewisse „innere" Ordnung ist erkennbar und der Wiedererkennungswert innerhalb einer Studie zu sehen.

Herr Neugier sieht, dass die häufigsten Grafikformen, die in Studien zu finden sind, Balken-, Kreis-, Linien- und Punktdiagramme sowie Textgrafiken sind. Einige der genannten Grafikformen sind sowohl zwei- wie auch dreidimensional angelegt.

Herr Neugier macht sich zuerst eine Vorlage mit dem zur Verfügung stehenden Computerprogramm. Dann überlegt er sich, welche Grafikart am besten zu welcher Fragestellung passen könnte.

Da gibt es das Kreisdiagramm, das am besten bei Alternativfragen verwendet wird.

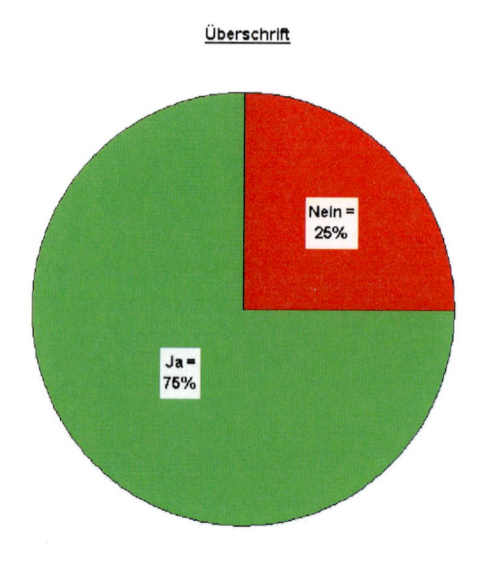

Studie
Fragenummer und Fragestellung
Stichprobe N
Nennungen in %-Werten

Abbildung 22: Kreisdiagramm

Auch die dreidimensionale Form als Kuchen- beziehungsweise Tortendiagramm ist möglich. Das Kreisdiagramm mit herausgelöstem Segment ist eine gute Möglichkeit, um Filterfragen zu veranschaulichen. Ebenfalls ist die dreidimensionale Form möglich.

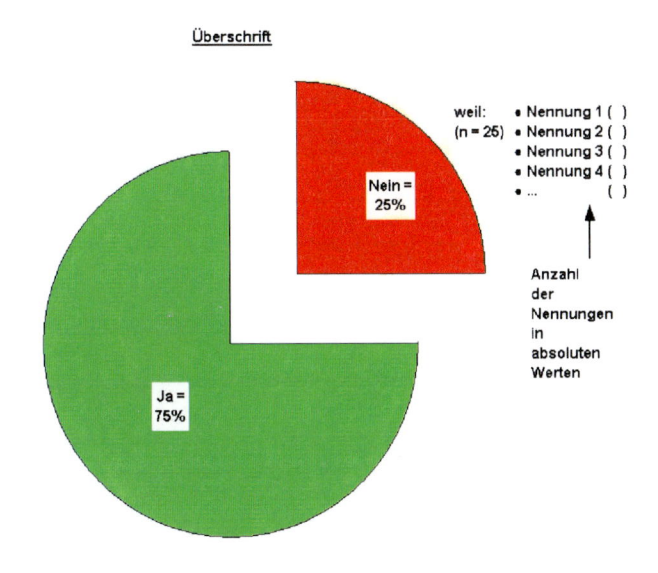

Studie
Fragenummer und Fragestellung
Stichprobe N und Teilstichprobe n
Nennungen in Absolut- und %-Werten
Mehrfachnennungen möglich
nachträglich kategorisiert

Abbildung 23: Kreisdiagramm mit herausgelöstem Segment

Liniendiagramme können senkrecht von oben nach unten angelegt sein. Es werden Mittelwerte oder der jeweilige Median abgebildet. Sehr häufig ist die Darstellung bei geschlossenen Fragen mit vorgegebener Skala, bei Polaritätsprofilen oder bei Gruppenvergleichen.

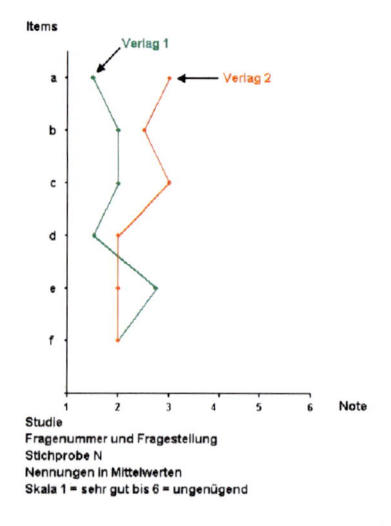

Abbildung 24: Liniendiagramm, Polaritätsprofil

Eine andere Möglichkeit der Darstellung ist eine horizontale Linie von links nach rechts, die häufig bei Zahlensträngen auf der x-Achse, wie zum Beispiel aufeinanderfolgende Monate/Jahre, erfolgt. Es wird auch von Kurvendiagrammen gesprochen.

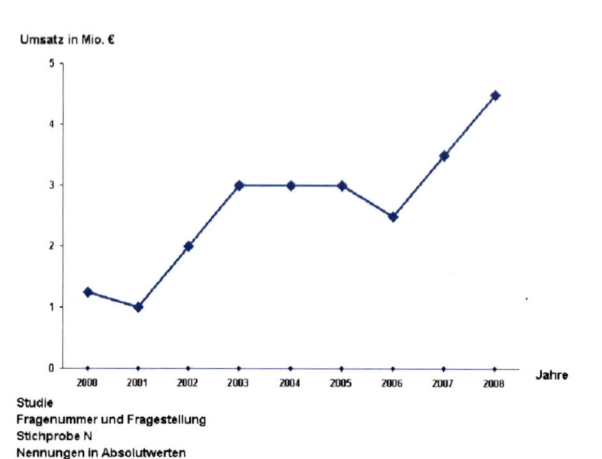

Abbildung 25: Liniendiagramm

Die grafische Darstellung von Punkten / Punktwolken wird gerne angewendet, wenn es um die Verbildlichung von Auswertungen aus statistischen Verfahren geht. Dabei ist eine Matrixdarstellung möglich.

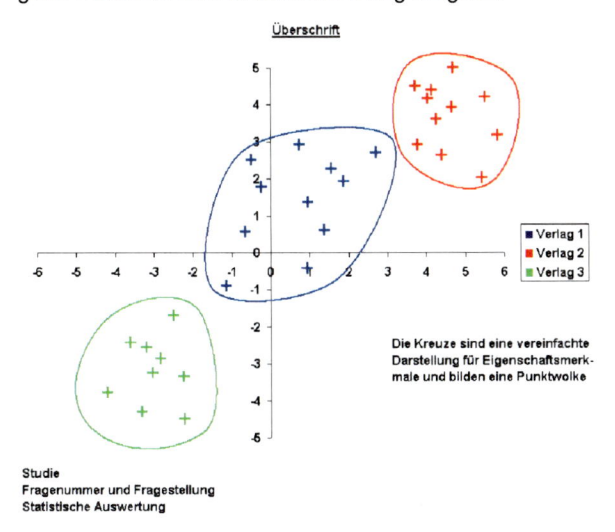

Abbildung 26: Punktdiagramm

Balkendiagramme mit Hochbalken (dreidimensional auch Säulendiagramme genannt) sind eine weitere grafische Darstellungsmöglichkeit.

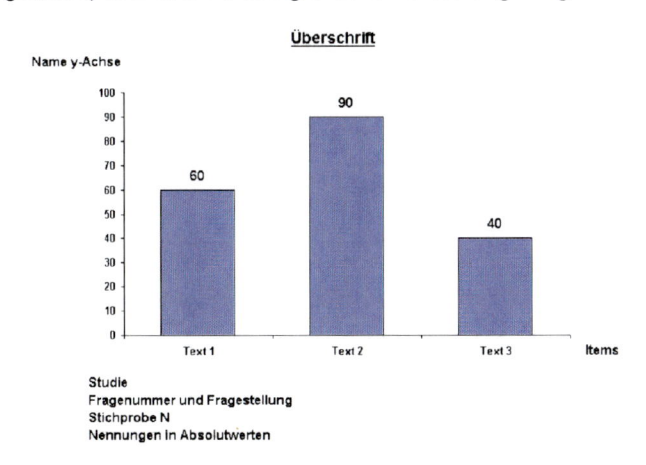

Abbildung 27: Balkendiagramm (Hochbalken)

Bei Multiple-Choice-Fragen kann das eine geeignete Darstellung sein, wenn sich die Texte unter der Säule auf ein bis zwei Worte beschränken und damit noch lesbar sind. Gerne wird das Balkendiagramm bei direkten Vergleichswerten mit überlappten Balken genutzt.

Überschrift

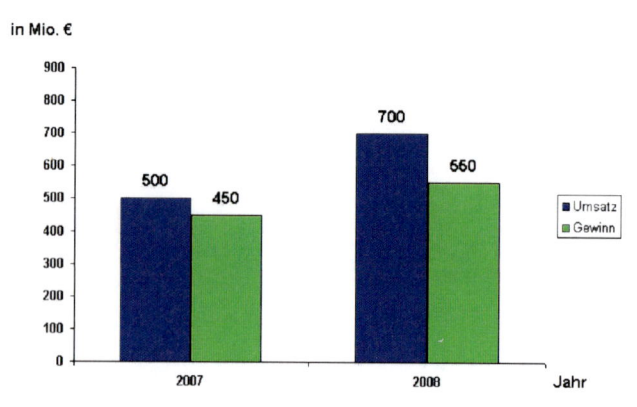

in Mio. €

[Gruppiertes Balkendiagramm: 2007: Umsatz 500, Gewinn 450; 2008: Umsatz 700, Gewinn 660]

Studie
Fragenummer und Fragestellung
Stichprobe N
Nennungen in Absolutwerten

Abbildung 28: Gruppierte Balken

Balkendiagramme mit Querbalken eigenen sich am besten bei Multiple-Choice-Fragen mit mehr Text oder bei offenen Fragen, wenn Nennungen zusammengefasst werden und Mehrfachnennungen möglich sind. Vor dem Balken kann mehr Text geschrieben werden als unter dem Hochbalken.

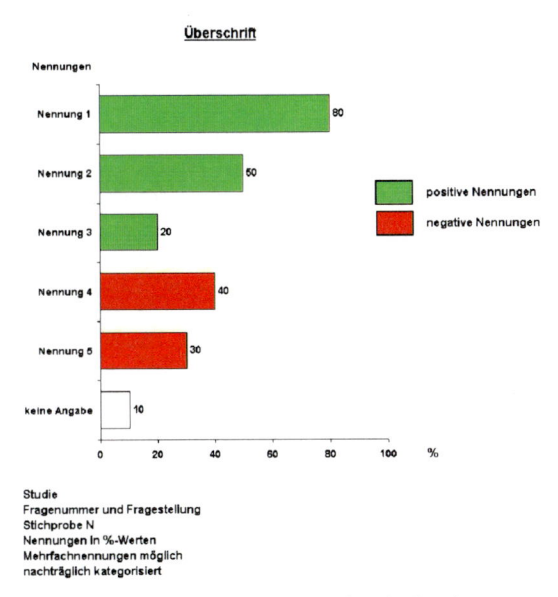

Abbildung 29: Balkendiagramm (Querbalken)

Eine weitere Form der Balkendiagramme ist die Darstellung von 100%-Balken. Bei dieser Form können Top- und Bottom-Boxes sichtbar gemacht werden. Es ist eine zusätzliche Möglichkeit, Fragen mit Skalenbewertung übersichtlich darzustellen, wenn eine Mittelwertdarstellung nicht gewünscht ist.

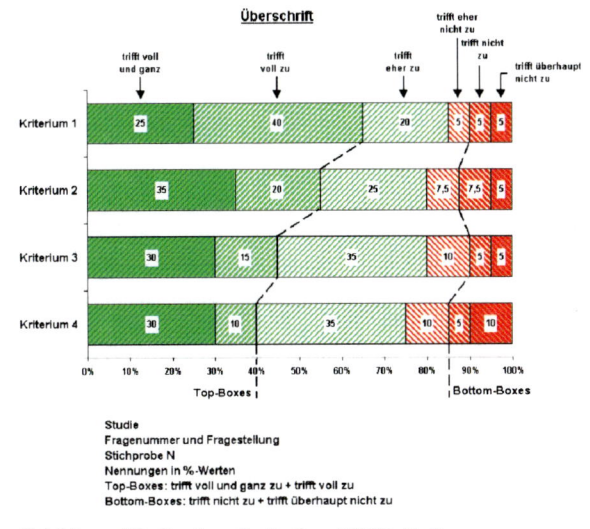

Abbildung 30: Gestapelte Balken/100%-Balken

Positive, negative und neutrale Nennungen sind zu unterscheiden, entweder farblich oder verschieden schraffiert. Für positive Nennungen empfiehlt sich eine grüne Farbe oder eine Schraffur von links unten nach rechts oben. Negative Nennungen haben üblicherweise eine rote Farbe oder eine Schraffur von rechts oben nach links unten. Neutrale Nennungen wie zum Beispiel „keine Angabe" oder „weiß nicht" sind weiß, grau oder gelb und entweder gar nicht schraffiert, mit Querschraffur oder innerhalb des Balkens gepunktet. Die jeweiligen positiven und negativen Nennungen sind absteigend zu sortieren oder beispielsweise bei zeitlichen Vorgaben nach Reihenfolge innerhalb der jeweiligen Fragestellung zu sortieren.

Herr Neugier geht nach diesen Prinzipien bei der Erstellung seiner Grafiken vor und es macht ihm richtig Spaß, diese zu entwerfen.

Nach der Fertigstellung der Schaubilder kann mit dem Ergebnisbericht begonnen werden. Herr Neugier schaut sich dazu die bisherigen Berichte in ihrer Struktur an. Diese hatten außer bei Berichten von Gruppendiskussionen idealer weise folgende Aufteilung:

Zuoberst das Deckblatt. Darauf steht der Name und eventuell die Nummer der Studie, das Datum der Fertigstellung und die/der Verantwortliche.

Danach die Kurz-Zusammenfassung der Ergebnisse mit den Handlungsempfehlungen für den Auftraggeber.

Als nächstes die Kenndaten der Studie, die die Aufgabenstellung der Studie, den Namen der Studie, den Auftraggeber, die Methode und ihre Durchführung, die Stichprobe inklusive Beschreibung der Zielgruppenmerkmale, die Feldzeit, die Art des Incentives und den für die Durchführung der Studie Verantwortlichen beinhalten.

Im Anschluss daran folgen die Ergebnisse im Einzelnen. Zu jeder Fragestellung wird das Ergebnis beschrieben und visuell mit einer Grafik angereichert.

Im abschließenden Anhang findet der Auftraggeber den Fragebogen, bei Bedarf den Rekrutierungsfragebogen, Tabellen und, falls vorhanden, Produktmaterialien.

Bei einer Gruppendiskussion werden in den Kenndaten unter der Kategorie Feldzeit die Kriterien Gesprächsort, Gesprächstermin und Gesprächszeit ergänzt.

Die Ergebnisse im Einzelnen enthalten keine Grafiken, dafür empfiehlt es sich, den Text mit Zitaten anzureichern. Der Anhang enthält keine Tabellen.

Den Berichtsaufbau übernimmt Herr Neugier für seinen Ergebnisbericht der Mitarbeiterbefragung und kann nach Abschluss stolz auf sein Werk sein. Auch Herr Bossig und der Personalleiter sind mit seiner Arbeit zufrieden.

8.5 Maßnahmenkatalog

Das Erstellen eines Maßnahmenkatalogs kann Herr Neugier am Beispiel der Imagebefragung lernen. Bei der Präsentation kam zur Sprache, dass eine gewisse Unzufriedenheit mit der Arbeit des Call-Centers besteht. Bis zur nächsten Wiederholungsbefragung sollte dieses Problem gelöst sein. Ein Teil des damaligen Teilnehmerkreises setzt sich zusammen und studiert noch einmal genau, welche Kriterien zu verbessern sind. Der Leiter der Call-Center-Abteilung erkannte gleich zwei Defizite: zum einen ist die gemessene Erreichbarkeit mit 60% deutlich zu gering und zweitens gibt es Nachholbedarf bei der Weitergabe von Produktaussagen. Die zu bewältigenden Schritte werden in einen Maßnahmenkatalog aufgelistet.

		Maßnahmenkatalog			
Problem	Ist-Zustand	Soll-Zustand	Maßnahme	Verantwortliche/r	Termin

Abbildung 31: Maßnahmenkatalog

Die Erreichbarkeit (= das Problem) soll von 60% (= Ist-Zustand) auf 80% (= Soll-Zustand) durch zusätzliches Personal (= Maßnahme) bis Ende des darauffolgenden Jahres verbessert werden. Und im Jahr darauf nochmals um 10% auf 90%. Verantwortlich dafür ist der Leiter des Call-Centers, der dafür sorgen muss, den Personalbestand aufzubauen und die neuen Mitarbeiter zu schulen.

Herr Neugier ist gespannt, wie das zweite Problem in den Griff zu bekommen ist. Hierbei bezieht der Leiter des Call-Centers das Produktmanagement mit ein. Es kommt zu einer Diskussion, in welcher Weise die Produktschulungen für die Call-Center-Mitarbeiter optimiert werden könnten. Eine Teamleiterin des Produktmanagements berichtet, dass sie kürzlich erfuhr, dass zwei Produktmanager teilweise nur noch schriftliche Informationen zu den Produkten weitergeben. Andere Teamleiter können für ihre Mitarbeiter bestätigen, dass dies aufgrund der Zeitknappheit manchmal gängige Praxis ist. Alle sind sich darüber einig, dass die Schulungen künftig verpflichtend mündlich erfolgen sollen, da so ein besserer Dialog über das Produkt möglich ist. Für den Maßnahmenkatalog wird festgehalten: Die Produktschulungen (= das Problem) sollen vom bisherigen lückenhaften Niveau (= Ist-Zustand) qualitativ verbessert werden (= Soll-Zustand) und zwar durch regelmäßige mündliche Produktschulungen (= Maßnahme) der Produktmanager (= Verantwortliche) ab sofort. Die jeweiligen Chefs sollen diese Maßnahme unter dem Hintergrund des Ergebnisses der Imagebefragung an ihre Mitarbeiter kommunizieren. Herr Neugier ist begeistert. Wenn alle zusammen halten und gemeinsam in einem Boot sitzen können die gesetzten Ziele bestimmt erreicht werden.

Leider kann Herr Neugier nicht mehr weiter verfolgen, ob die Maßnahmen etwas bewirkt haben. Für ihn kommt der letzte Arbeitstag im Verlag. Er findet, dass die Zeit wie im Fluge vergangen ist und er sehr viel Interessantes und Wichtiges mitnehmen konnte. Und er beschließt, sich nach seinem Studium auf freie Stellen in der Marktforschung zu bewerben.

Herr Neugier schreibt abschließend in sein Skript:
Codiert werden nur offene Fragen. Dabei muss die Antwort möglicherweise in einzelne Nennungen zerlegt werden. Jede Nennung erhält einen Zahlencode. Gleichartige Nennungen erhalten den gleichen Zahlencode. Der Zahlencode mit zugehöriger Nennung wird in eine Codeliste eingetragen.

- *Um die Datenmassen einer Erhebung überschaubar zu machen und sich ein Urteil bilden zu können, sind systematische Methoden der Reduktion der Daten erforderlich.*
- *Die Rohdaten sind auf wenige aussagekräftige Größen, Kennziffern und Darstellungen zu reduzieren.*
- *Für die Datenreduktion helfen Maßzahlen der deskriptiven Statistik wie Mittelwerte, Konzentrationsmaße, Quoten oder Indexzahlen.*
- *Maßzahlen kann man in Verteilungsmaße und Verhältniszahlen einteilen.*

Mit Hilfe der Verfahren der Dependenzanalyse können statistische Zusammenhänge zwischen abhängigen und unabhängigen Variablen festgestellt werden.

Dependenzanalysen zielen entweder auf sogenannte Erklärung oder Prognose ab.

Erklärungen sind die Überprüfungen von Kausalhypothesen und Prognosen sind Aussagen über Entwicklungen der abhängigen Variablen aufgrund der Erkenntnisse über die unabhängigen Variablen.

Anforderungen an Grafiken:
- *überschaubar*
- *gut lesbar*
- *gewisse „innere" Ordnung*
- *Wiedererkennungswert innerhalb einer Studie*
- *positive und negative Nennungen farblich unterscheiden*

Grafikformen:

- *Alternativfragen → Kreisdiagramm (Kuchen-/Tortendiagramm)*
- *Filterfragen → Kreisdiagramm (Kuchen-/Tortendiagramm) mit herausgelöstem Segment*
- *Geschlossene Fragen mit vorgegebener Skala; Polaritätsprofile; Gruppenvergleiche → Liniendiagramm senkrecht*
- *Zeitreihenvergleiche → Liniendiagramm horizontal (Kurvendiagramm)*
- *Auswertungen aus statistischen Verfahren → Punktdiagramme/-wolken*
- *Multiple-Choice-Fragen mit geringem Antworttext → Balkendiagramme hoch (Säulendiagramme); Alternative: überlappende Balken*
- *Multiple-Choice-Fragen mit umfangreicherem Antworttext; offene Fragen → Balkendiagramme quer; Alternative: Stapelbalken/100%-Balken*

Aufbau des Ergebnisberichts:

- *Deckblatt*
- *Kurz-Zusammenfassung der Ergebnisse mit Handlungsempfehlungen für Auftraggeber*
- *Kenndaten*
- *Ergebnisse im Einzelnen*
- *Anhang*

Ein Maßnahmenkatalog besteht aus:

Problem – Ist-Zustand – Soll-Zustand – Maßnahme – Verantwortliche/r – Termin

Anhang

Ausgewählte Hilfsmittel für den Arbeitsplatz

Hilfsmittel für den Arbeitsplatz:
- Marktforschungs-Lexikon,
- Internet: z. B. www.gesis.org > Zuma (Fragebögen, Methoden),
- Auktionen (Preisforschung, Trends, ...),
- www.bvm.org (Richtlinien für Datenerhebungen, Datenschutzhinweise, Seminare, Institute, Fachbegriffe),
- www.marktforschung.de (Fachbegriffe).

Wichtige Informationsquellen:
- Hochschule für Medien Stuttgart,
- Statistisches Landesamt,
- Statistisches Bundesamt Homepage (statistische Daten),
- Dissertationen (Fragebögen, Studienkonzepte),
- eigene Datenbank anlegen (mit eigenen Bemerkungen, nach Stichworten),
- Fachzeitschriften für Beispiele von Untersuchungsdesigns,
- Testzeitschriften für Produktvergleiche/-eigenschaften,
- Homepages von Wettbewerbern für Wettbewerbsanalyse, Messen, Kongresse,
- DIN ISO 20252: Markt-, Meinungs- und Sozialforschung – Begriffe und Dienstleistungsanforderungen,
- GESIS: Gesellschaft sozialwissenschaftlicher Infrastruktureinrichtungen,
- ZUMA: Zentrum für Umfragen, Methoden und Analysen e. V..

Mailinglisten:
- German Internet Research List,
- Online-Forschung.de.

Verbände:
- Arbeitskreis Deutscher Markt- und Sozialforschungsinstitute e. V. (ADM),
- Arbeitsgemeinschaft Sozialwissenschaftlicher Institute e. V. (ASI),

- European Society for Opinion and Marketing Research (ESOMAR),
- Berufsverband Deutscher Markt- und Sozialforscher e. V. (BVM),
- Deutsche Gesellschaft für Online-Forschung e. V. (D.G.O.F.).

Arbeitsgruppen:

- AKQua, ForUM, NEON gehören dem BVM an,
- PUMA gehört dem Deutschen Fachverlag an.

Zeitschriften:

- Context, Conpress Verlag, Rheurdt,
- Planung & Analyse, Deutscher Fachverlag, Frankfurt/Main,
- Research & Results, Reitmeier Input Management Services GmbH, München.

Beispiele für Projektskizzen

Projekt 01041: Qualitative Erhebung „F.-Mailings" (psychologische Interviews, Einzelinterviews, Tiefeninterviews)

Verteiler: XYZ, ...

Vorschlag (Einzelheiten/Möglichkeiten in Abstimmung mit Herrn XYZ)

Top	Angaben/Inhalt	Termin	Verantwortliche
Zielsetzung	Ermittlung der Kommunikationsleistung von F.-Mailings (Aktivierungspotenzial, geeignete Kommunikationselemente, Input für die Mailing-Kommunikation, welche Brain-Scripts arbeiten).	Start Jan., Ende Febr.	Institut, AB
Ablauf	1. Genauere Projektbeschreibung/-definition (Themenabgrenzung, Inhalte, Arbeitsschritte) 2. Durchführung Erhebung 3. Datenauswertung, Berichterstattung	s. o.	s. o.
Output	• Berichte • Ableitungen für die F.-Kommunikation		s. o.
Termine	• Auftragserteilung/Projektstart • Endbericht	Jan. Febr.	
Kosten/Budget	• Budget: ... Euro		

Abbildung 32a: Projektskizze I

Projekt 02041: Qualitative Erhebung, ...-Dienstleistung"
Verteiler: XYZ, ...

Top	Angaben/Inhalt	Termin/ Zuständig
Aufgabenstellung, Zielsetzung	... eine ...-Dienstleistung, die vom ...-Vertrieb oder über die Kommunikationsplattformen der ... Unternehmen angeboten wird. Die Unternehmen können die ... in größeren Auflagen bestellen. Die ... sind schon aufgedruckt. Privatpersonen können ebenfalls ... kaufen. Der ... ist bereits auf dem Markt und wird schon von Kunden der ... gekauft und dem ...-Vertrieb verkauft. Der ... der ...-Dienstleistung über den Vertrieb ist jedoch .... Daher möchte die ... empirisch ergründen: - welche Resonanz und welches Interesse löst die ...- Dienstleistung aus - welche relative Attraktivität besitzt sie - welche Einsatzzwecke schreibt man dem ... zu (für was wird die ...-Dienstleistung verwendet) - was erhoffen sich ...-Verwender (Nutzen) - welche Reaktionen löst die ...-Dienstleistung beim Empfänger aus - welche <u>Argumente könnten dem Verkauf des ... dienen</u> - Was fehlt den ...-Kunden am Produkt - Was müsste am Produkt verbessert werden und welche weiteren Möglichkeiten könnte es geben?	
Aufbau, Methode	Die Abschätzung der Chancen und Möglichkeiten der ...-Dienstleistung soll durch N Gruppendiskussionen ermittelt werden (Produktpräsentation > Verbalbeschreibung). Eine schriftliche Vorort-Befragung der Probanden soll eingebaut sein (wie bisher).	AB, Institut

Untersuchungs-einheiten, Stichprobe	Befragt werden Entscheider für ...- Verwendung, Privatpersonen (netto n x t Personen, Einzelheiten noch in Abstimmung mit dem Institut und ...). Adressen (Raum Frankfurt) der Entscheider werden von der ... geliefert.	AB, Institut
Termine, Kosten	Die Untersuchung soll im Dezember beendet sein (Bericht, Einzelheiten noch in Abstimmung mit dem Institut und ...). Kostenabschätzung > Input Institut. !Budgetrahmen für diese Untersuchung ist: ... Euro.	Dez. Institut
Ermittlungspunkte	• Was wird bisher mit ... gemacht? • Was für Erfahrungen hat man dabei gemacht? • Spontane Reaktionen auf ...? • Spontane Attraktivität? • Anmutung? • Könnten ... bei Aktionen helfen? • Likes/Dislikes? • Beurteilung? • Akzeptanz? • Transparenz der Produktbesonderheit? • Nutzen? Hat es etwas Besonderes? • Neuartigkeit? • Verständnis? • Was wird über Finanzielles gesagt? Preiserwartungen? • Konkurrenzvorteil? • Typische Nutzer? • Aktivierung?	AB, Institut

Abbildung 32b: Projektskizze II

Weiterführende Literaturhinweise

Aaker, D. A., Kumar, V., Day, G. S., Marketing Research, 8. Ed., Hoboken, N. J., 2004.

Backhaus, K., Erichson, B., Plinke, W., Weiber, R., Multivariate Analysemethoden, Eine anwendungsorientierte Einführung, 12. Auflage, Berlin, Heidelberg, New York, 2008.

Bamberg, G., Coenenberg, A. G., Betriebswirtschaftliche Entscheidungslehre, 13. Auflage, München 2006.

Baumann, A., Kreative Briefhüllen, Wirkung der Briefhülle ComeCreate der Blessing GmbH & Co. KG, Königstein 2002.

Baumann, A., Rohner, J., Chancen und Risiken des Couponing im Mittelstand, in: Hartmann, W., Kreutzer, R. T., Kuhfuss, H. (Hrsg.), Handbuch Couponing, Wiesbaden 2003, S. 67-84.

Baumann, A., Brain Research – Neuroscientifically Aided Advertising Impact Research, Results of the Pilot Study, Königstein 2003.

Baumann, A., Lamieri, L., Roes, U., Rodolph, B., Effizienz und Effektivität im Direktmarketing, Ein Handbuch zur Kennzahlen-basierten Erfolgskontrolle im schriftlichen Kundendialog, SVI Ratgeber, Jahrgang 2003, Königstein 2003.

Baumann, A., Roes, U., Maresch, T., Empfänger-Profile und Kunden-Typologie im Dialogmarketing, Neue Segmentierungs-Ansätze im schriftlichen Kundendialog, SVI Ratgeber, Jahrgang 2005, Königstein 2005.

Baumann, A., Wie Werbung wahrgenommen wird und wie sie beim Adressaten wirkt, in: Marketing Journal, Sonderheft Direktmarketing, 38. Jahrgang, München 2005, S. 10-13.

Baumann, A., Der Fingerabdruck für die erfolgreiche Kundenansprache, in: Marketing Journal, Sonderheft Direktmarketing, 38. Jahrgang, München 2005, S. 21.

Baumann, A., Hesse, J., Neurophysiologische Werbewahrnehmungs- und Werbewirkungsforschung im Dialogmarketing, in: Wirtz, B. W., Burmann, C. (Hrsg.), Ganzheitliches Direktmarketing, Wiesbaden 2006, S. 321-342.

Baumann, A., Elger, C. E., Fernández, G., Hoppe, C., Weber, B., Weis, S., Warum sind Prominente in der Werbung so wirkungsvoll? – Eine funktionelle MRT Studie, in: Reimann, M., Schilke, O. (Hrsg.), NeuroPsychoEconomics, Jahrgang 1 – Nummer 1, Baierbrunn 2006, S. 7-17.

Baumann, A., Hofmann, T., Schubert, S., Multidimensionale Zielgruppensegmentationen – wie Einstellungen und Verhalten verknüpft werden können, in: Planung & Analyse, Zeitschrift für Marktforschung und Marketing, Segmentierung, 2/2006, Frankfurt a. M. 2006, S. 42-48.

Baumann, A., Dem Gehirn beim Denken zugeschaut, in: Planung & Analyse, Zeitschrift für Marktforschung und Marketing, Marke, 4/2006, Frankfurt a. M. 2006, S. 66-69.

Baumann, A., Prominente und Logos in der Werbung, in: Koschnick, W. J. (Hrsg.), Focus Jahrbuch 2007, München 2007.

Berekoven, L., Eckert, W., Ellenrieder, P., Marktforschung, 11. Aufl., Wiesbaden 2006.

Bundesverband Deutscher Zeitungsverleger e. V. (Hrsg.), Die deutschen Zeitungen in Zahlen und Daten, Auszug aus dem Jahrbuch „Zeitungen 2008", Berlin 2008.

Bundesverband Deutscher Zeitungsverleger e. V. (Hrsg.), Zeitungen 2008, Berlin 2008.

CEN/BT/TF 186, N 0029, prEN 15707: 2008, Printmedienanalysen – Begriffe und Dienstleistungsanforderungen, Berlin 2008.

Czerny, G., Der Haushaltsgerätesektor im EG-Binnenmarkt – Experten antworten auf Verbraucherfragen -, Stuttgart-Hohenheim 1991.

DIN ISO 20252: Markt-, Meinungs- und Sozialforschung – Begriffe und Dienstleistungsanforderungen, Berlin 2006.

Friedrichs, J., Methoden empirischer Sozialforschung, Opladen 1985.

Hüttner, M., Schwarting, U., Grundzüge der Marktforschung, 7. Aufl., München, Wien, 2002

Irmer, Ch., Wachter, B.: Zeig mir wie du tippst und ich sag dir, wer du bist: in Planung & Analyse, Frankfurt am Main, 1/2008.

Jahn, D., Sarcander, S., Wagner, R., Basiswissen Marktforschung, Bd. 1: Datenerhebung, Frankfurt a. M., 2004.

Kuß, A., Marktforschung, Wiesbaden, 2004.

Online-/Offline-Kommunikation, Qualitative Untersuchung in verschiedenen Branchen, Königstein 2006.

Pepels, W., Lexikon der Marktforschung, München 1997.

Rathmann, T., Baumann, A., ZMG Zeitungsmonitor − Fünf Jahre Branchenreports, in: Zeitungen 2007, Berlin 2007.

Wagner, G., B-to-B Marktforschung, Vorlesungsskript, Elchingen, 2005.

Wagner, G., Know-how der Gesprächsführung, Vorlesungsskript, Elchingen, 2007.

Weis, H. Ch., Marktforschung, Friedrich Kiehl Verlag, 1991

Welker, M., Werner, A., Scholz, J., Online-Research, Markt- und Sozialforschung mit dem Internet, Heidelberg, 2005

Stichwortverzeichnis

A

abhängigen Variablen 106
AG.MA 97
AGOF 98
Ähnlichkeitsanalysen 104
Ähnlichkeitsmaß 104
aktiv offline 88
aktiv online 88
Allensbacher Werbeträger-Analyse 97
Alternativfrage 36
Anmutungsqualitäten 91
Antwortkategorien 36
apparativen Techniken 96
Arbeitsgemeinschaft Media-Analyse 97
Arbeitsgemeinschaft Online Forschung 98
Auftragsgestaltung 59
Auswahlverfahren 46
Auswahlvorschriften 47
AWA 97

B

Benchmarks 15
Beobachtung 79
Beobachtungen mit Apparatur 79, 80
Beobachtungen ohne Apparatur 81
Beobachtungsraum 70
betrieblichen Marktforscher 19
Beziehungszahl 103
Blickaufzeichnungen 96
Bruttoreichweite 98

C

CAMI 75
CAPI 75
CASI 75
CATI 75
CATI² 75
CAWI 75
Chi-Quadrat-Test 105
Clickstream-Verhalten 81
Cluster-Analyse 104
Codeliste 101
Codenummer 101
Codieren 101
Computer Assisted Mobile Interviewing 75
Computer Assisted Personal Interviewing 75
Computer Assisted Selfadministered Interviewing 75
Computer Assisted Telephone Interviewing 75
Computer Assisted Web Interviewing 75

D

Datenmatrix 103
Datenreduktion 102
Datenschutz 31
Datenverdichtung 103
Dependenzanalyse 106
deskriptive 102
Diskriminanzanalyse 106
Diskriminanzfunktion 107
disproportional 51

E

einfache Auswahlverfahren 49
einfacher Antwortvorgabe 36
Einschaltquote 97
Einstellung 92
Einstellungsmessung 92
Einstimmungsfragen 40
Eisbrecherfragen 41
Emotionen 93
Experiment 82
Experte 41
externe Validität 82

F

face-to-face-Befragung 66
Faktoren 103
Faktorenanalyse 103
Feldende 73
Feldexperimente 82
Feldzeit 73
Filterfragen 36, 42
Fishbein 94
Fragebogengestaltung 42
Frageformulierung 38

Full-Service-Institut 57
Funktionsprinzip 17

G

gerade Skalen 39
Geratewohl 52
geschichteten Zufallsauswahl 50
geschlossene Fragen 35
Gesprächsleitfaden 42
Grafik 107
Grundgesamtheit 45
Gruppendiskussion 68
Gruppendiskussionen 42
Gruppendynamik 68
Gruppenvergleich 36
Guttman 94

H

Halo-Effekt 38
haltbare Aussagen 45
Handelspanel 77
Hauptkomponentenmethode 103
Hautwiderstandsmessungen 96
hierarchische Verfahren 104
Hirnaktivierungsmessungen 96
Hirnforschung 82
Hypothesen 35

I

Imagebefragung 91
Images 91
Incentive 41
Indexwerte 103
Individualpanel 77
inferentielle 102
Inhome 77
Institut zur Verbreitung von Werbeträgern 97
Intensiv-Interviews 42
internen Validität 82
Intervallniveau 28
Intervieweranweisungen 38
Item 39
IVW 97

K

Kausalhypothesen 82
Kernfragen 40
Klassifizierungsverfahren 104
Klumpenauswahl 51
Konstantsummenverfahren 93
Kontaktbarrieren 41
Kontaktzahlen 97
Kontingenzanalyse 106
Kontingenztabelle 104
Konzentrationsmaß 102
Konzentrationsverfahren 52
Korrelationsmatrix 103
Kreuztabelle 104
Kriterien 39

L

Ladung 103
Lageparameter 102
Längsschnittbetrachtung 78
Last-Birthday-Methode 47
Leser pro Ausgabe 98
Leser pro Nummer 97
Leser pro Seite 98
Leser pro Werbung führende Seite 98
Likert 94
Linearitätsprüfungen 104
Linienprinzip 18
Log-File-Analysen 89
Logit-Analyse 106
LpA 98
LpN 97
LpS 98
LpWS 98

M

MA 97
Marktdurchdringung 77
Marktforschung 21
Marktforschungsdienstleister 57
Markt-Media-Studien 97
Maßnahmenkatalog 115
Maßzahl 102
Media-Analyse 97
mehrdimensionalen Einstellungsmessungen 94

mehrfacher Antwortvorgabe 37
Merkmale 25
Merkmalsausprägungen 26
Merkmalsträger 26
Messung 26
Messzahlen 103
Mitarbeiterbefragung 99
Multiple-Choice-Frage 36
multivariate Methoden 103

N

Nettoreichweite 98
neurophysiologischer Untersuchungen 82
Nominalniveau 28

O

offene Fragen 35
Online-Access-Panels 88
Online-Befragung 83
Online-Beobachtung 81
Online-Focus-Group 85
Online-Fragebögen 83
Online-Marktforschung 83
Ordinalniveau 28
Osgood/Suci/Tannenbaum 94
Overreporting 78

P

Paarvergleiche 93
Page-Impressions 98
Panel 76
Panel-Befragung 76
Panel-Effekte 78
Panelisten 88
Panelsterblichkeit 78
paper & pencil-Befragung 66
paralleler Einsatz von CATI und CAWI 75
passiv monetär 88
passiv online 88
persönlich-mündliche 40
persönlich-mündlichen Befragung 66
Point-Of-Sale 77
POS 77
Post-Test 96
Praktikabilität 30
Pre-Test 30

Projektskizze 24
proportional 50
Proximationsmaß 104
Prozent-Skalen 39

Q

qualitative Forschung 45
quantitativen Forschung 45
Quoten 103
Quotenplan 52
Quotenverfahren 51

R

Random-Route-Verfahren 47
Rangreihen-Skala 39
Rangreihung 93
Rating-Verfahren 93
Rationiveau 29
Reduktion 102
Regressionsanalyse 106
Regressionsgerade 107
Rekrutierungsfragebogen 42
Reliabilität 30
Repräsentationsschluss 46
repräsentativ 46
Repräsentativität 46
Rohdaten 102
Rotation 103

S

Sampling Points 50
Scanningverfahren 77
schriftliche Befragung 41
schriftlichen Befragung 63
Screening 68
semantisches Differential 94
Single-Source-Ansatz 77
Skala 27, 39
Skalenbenennung 107
Skalenformen 39
Skalenniveau 27
Skalierungen 27
Stabsprinzip 17
standardisierten Fragebogen 42
Statement 39
Statistikfragen 40

Stichproben 46
Stichprobenfehler 47
Stichprobengröße 46
Stichprobenpläne 49
Streuungsparameter 102
Sub-Splitts 41

T

Tabellenaufriss 41
Teil-Populationen 46
Telefonische Befragung 73
telefonischen Befragungen 40
Testmarkt 77
Tiefeninterviews 42

U

überproportional 51
unabhängigen Variablen 106
ungerade Skalen 39
Unique-Usern 98
unterrepräsentierte 47
Untersuchungseinheiten 25

V

Validität 30
Varianzanalyse 106
Varimax-Methode 103
Verbraucheranalysen 97

Verbraucherpanel 77
Verhältnisskala 39
Verhältniszahlen 102
Verweigerungsquote 73
Verweigerungsrate 78
Vollerhebung 46

W

Warming-up 70
Weitester Leserkreis 97
Werbeforschung 96
Werbemittel 96
Werbemittelkontaktchance 98
Werbemitteltest 96
Werbetracking 96
Werbeträger 97
Werbeträgerkontaktchance 98
Werbeträger-Planung 97
Werbeträgeruntersuchungen 97
Wiederkaufrate 78
WLK 97

Z

ZAW Rahmenschema 97
Zufallsfehler 47
Zufallszahlengenerator 47
Zusammenhangs-Hypothese 105

Informationen zu den Autoren

Axel Baumann war Leiter Forschung und Mitglied der Geschäftsleitung in einer Marketing Gesellschaft der Medienbranche und Leiter der Grundlagenforschung/Dialogforschung eines Dialogmarketinginstituts im Raum Frankfurt am Main. Er beschäftigte sich hauptsächlich mit Kommunikations-, Medien-, Dialog- und Werbewirkungsforschung sowie neurophysiologischer und apparativer sowie nicht-apparativer Werbewahrnehmungs- und Werbewirkungsforschung. Er entwickelte Forschungstools, -werkzeuge und -konzepte für die Markt-/Marketingforschung. Er ist u. a. Dozent für Markt-/Marketingforschung und SPSS/PASW an der Dualen Hochschule Baden-Württemberg sowie für Vertriebsplanung und -controlling, Distributionspolitik/Verkaufspolitik und Marketing an der FOM Hochschule für Ökonomie & Management. Außerdem ist er Mitglied des Fachbeirats und Regional-Leiter der Berufsverbandes Deutscher Markt- und Sozialforscher. Nach dem Studium mit Schwerpunkt Wirtschaftswissenschaften in Konstanz und Tübingen mit Abschluss zum Diplom-Volkswirt ist er seit 1993 national und international in Marketing, Vertrieb, Organisation, E-Business und Markt-/Meinungsforschung im Dienstleistungssektor und der Industrie tätig – u. a. in Frankreich, der Schweiz und Korea.

Gabriele Wagner studierte an der Universität Hohenheim Haushaltswissenschaft mit den Schwerpunkten Verbraucherinformation und Kommunikationswissenschaft mit Abschluss zum Diplom-Haushaltsökonom.

Nach mehrjähriger Tätigkeit als Marktforschungs-Assistentin und Studienleiterin beim Compagnon Marktforschungs-Institut in Stuttgart wechselte sie in die betriebliche Marktforschung zu Lidl & Schwarz nach Neckarsulm. Anschließend verantwortete sie als Leiterin Marktforschung die Marktforschungsabteilung des WEKA Fachverlags für technische Führungskräfte in Augsburg sowie dessen Schwesterverlage Interest Verlag, Baufachverlag und Managementverlag der WEKA Gruppe in Kissing.

Sie war langjähriges Mitglied des sowie stellvertretende Regionalleiterin im Berufsverband Deutscher Markt- und Sozialforscher.

Seit 2005 ist sie Lehrbeauftragte in den Fachbereichen Soft Skills, Mitarbeiterführung und qualitative Marktforschung an diversen Bildungseinrichtungen (u. a. Duale Hochschule Baden-Württemberg Heidenheim, Universität Ulm, Fachhochschule für angewandtes Management Erding) und seit 2008 Inhaberin der Firma Coach & Learn (www.coach-learn.de).